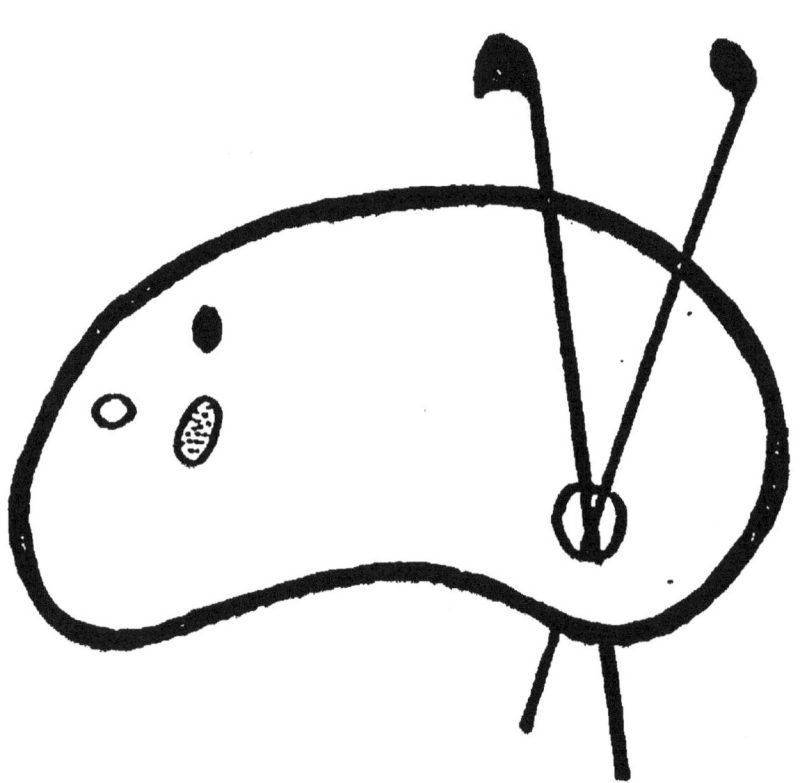

DEBUT D'UNE SERIE DE DOCUMENTS
EN COULEUR

ÉPHÉMÉRIDES
ALSACIENNES

PAR

ANGEL INGOLD

2ᵉ Édition.

MULHOUSE
IMPRIMERIE RISLER — E. KŒNIG, SUCCESSEUR.

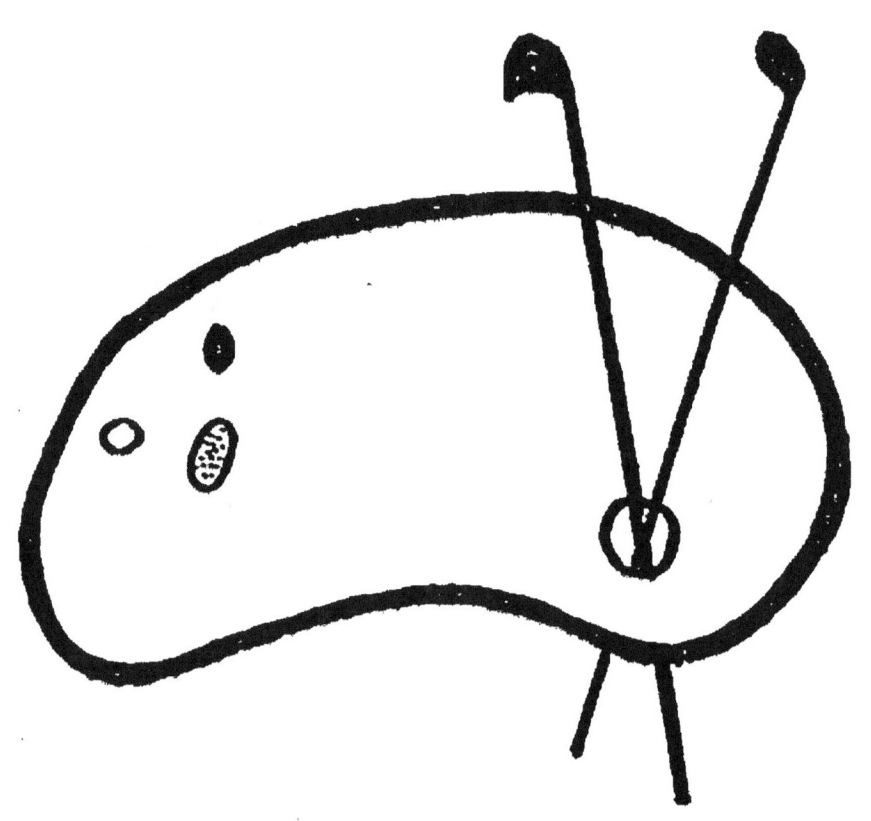

FIN D'UNE SERIE DE DOCUMENTS
EN COULEUR

ÉPHÉMÉRIDES
ALSACIENNES

PAR

ANGEL INGOLD

2e Édition.

MULHOUSE
IMPRIMERIE RISLER — E. KŒNIG, SUCCESSEUR.

AVIS

Les Ephémérides alsaciennes dont nous donnons un tirage à part, à dix exemplaires seulement, ne se trouvent pas dans le commerce. Elles ont déjà paru en 1874--1875 dans le *Journal de Mulhouse* sous le pseudonyme IWAN.

Nous en recommandons le recueil à la bienveillance du public alsacien.

Éphémérides alsaciennes.

NOVEMBRE

2. 1821. — *Mort du général Rapp*. — Il était né le 27 Avril 1772, à Colmar, dans le réduit qui existe encore sous l'escalier extérieur de l'ancien hôtel-de-ville. Cela ne l'empêcha pas de devenir l'un des plus riches officiers généraux de France, témoin, entre autres, la belle collection de tableaux précieux, de statues, de vases et de gravures qu'il délaissa et dont le catalogue fut imprimé en 1822.

Il mourut dans sa terre de Rheinwiller (grand-duché de Bade), d'où il fut transporté à Colmar; on déposa son cœur au temple protestant, son corps au cimetière de cette ville.

---

7. 1492. — *Chute d'un aérolithe à Ensisheim*. — Il tomba entre onze heures et midi, aux pieds d'un berger, et s'enfonça près d'un mètre en terre, dans le canton Oberfeld, aux environs de la route de Battenheim. Déterré aux yeux d'un grand nombre de curieux, ce météorite allait être mis en pièces et morceaux, lorsqu'advint le Landvogt, qui le fit transporter au château.

Quinze jours après, la ville d'Ensisheim reçut dans ses murs le roi Maximilien. Ce prince fut vivement frappé de la chute de l'aérolithe: il y vit un ordre du ciel, lui prescrivant une croisade contre les Turcs. Après s'en être fait détacher deux morceaux, l'un pour l'archiduc Sigismond l'autre pour lui-même, il fit cadeau de la masse planétaire à la ville d'Ensisheim, et ordonna au magistrat de la suspendre dans l'église paroissiale: ce qui fut fait processionellement et en grande cérémonie.

L'aérolithe resta en ce lieu jusqu'en l'an 8 de la république française, époque à laquelle on le transporta au musée national de Colmar. Mais il revint à Ensisheim en l'an 13.

Au moment de la chute, son poids était de 260 livres; mais de nombreux fragments en ayant été détachés, il ne pèse plus de nos jours que 110 livres et un quart. Les musées de Paris, de Vienne, de St. Pétersbourg, etc., en conservent des échantillons : celui du muséum d'histoire naturelle de Paris est de 20 livres.

—

8. 1793. — *Arrivée à Colmar de Hérault de Séchelles*, env.yé en mission extraordinaire dans le Haut-Rhin, pour y établir le gouvernement révolutionnaire, qui, aux termes d'un décret du 10 Octobre, devait régir la France jusqu'à la paix.

—

11. 1744. — *Passage de Louis XV à Belfort.* — Le roi ne s'y arrêta que pour changer de chevaux : les autorités et quelques députations, parmi lesquelles celle des dames nobles de Massevaux, lui présentèrent leurs hommages. Louis XV revenait de Fri-bourg en Brisgau.

—

11. 1792. — *Dietrich, maire constitutionnel de Strasbourg*, se constitue prisonnier entre les mains du commandant de place d'Huningue. Il avait provoqué et rédigé l'adresse du 15 août, par laquelle le conseil municipal de Strasbourg demandait l'inviolabilité de l'autorité royale, et la punition des auteurs des journées du 20 Juin et du 10 Août. On répondit à cette adresse en suspendant le conseil municipal et en mandant à la barre de l'assemblée législative Dietrich, afin qu'il se justifiât de son *modérantisme*.

Dietrich demanda et obtint un délai de quinze jours,

pour recueillir les pièces justificatives de son administration. Il se préparait donc à ce pénible voyage, lorsque le député Rühl, son ennemi personnel, obtint un décret portant que l'accusé serait amené à Paris par la force armée.

Alors le malheureux Dietrich se sauva en Suisse; mais, ayant été déclaré émigré, et ayant vu ses biens confisqués, il vint à Huningue et pria le commandant de cette place de le faire conduire à la barre de la convention nationale. Il fut interné à l'Abbaye.

Ses ennemis fondaient leurs accusations sur les pièces relatées dans la note suivante :

J'ai reçu du citoyen Rühl, député du département du Bas-Rhin, pour être déposé au comité des décrets :

1º Adresse des membres du Conseil général de la commune et citoyens de la ville de Strasbourg, contre la déchéance du roi.

2º Lettre signée Dietrich, du 27 Juin 1792.

3º Avis aux Parisiens, signé Champy, du 12 Juillet 1792.

4º Lettre, signée Dietrich, du 16 Juillet 1792.

5º Lettre, signée Laquiante, du 20 Août 1792.

6º Minute d'une adresse.

7º Minute d'une pétition aux corps administratifs réunis.

8º Lettre des membres du Conseil général de la commune de Gray avec quatre adresses imprimées y jointes.

9º Extrait d'une dénonciation signée Simon.

Paris, le 25 Novembre 1792, l'an premier de la République française.

Signé : GIRAUD,
secrétaire, commis en chef du comité des décrets.

Le 27 Novembre, Dietrich fut renvoyé devant le tribunal criminel de Strasbourg. Les Jacobins demandèrent sa translation dans les prisons de Besançon, pensant qu'il y manquerait de défenseurs. Mais il n'en fut pas moins acquitté par le tribunal de cette ville. Alors ses ennemis le firent inscrire sur la liste des émigrés; traîné à Paris, et traduit devant le tribunal révolutionnaire, il fut condamné à mort, le 28 Décembre 1793. La Convention réhabilita sa mémoire après la chute de Robespierre, dans sa séance du 23 Août 1795.

Dietrich (Philippe-Frédéric, baron de), naquit à Strasbourg en 1748. Il s'occupa beaucoup de minéralogie, et laissa les ouvrages suivants : *Vindiciæ dogmatis grotiani de rescriptione*, Strasbourg, 1-4°, 1767; *Description des gîtes de minerai, des forges et des salines des Pyrénées, suivie d'observations sur le fer mazé et sur les mines des Sards en Poitou*, Paris, 1786-1789, 3 vol. in-4°; la traduction des *Observations de M. de Trébra sur l'intérieur des montagnes*, 1787, in-fol., avec un savant *commentaire*, et une *préface* remplie de vues nouvelles. Enfin plusieurs *dissertations* en allemand sur la minéralogie, insérées dans les Mémoires des *Curieux de la nature*..

—

14. 1687. — *Le duc George, seigneur de Montbéliard*, confirme la cession qu'il fit, le 10 août 1686, à sa fille Anne, des seigneuries de Horbourg et de Riquewihr.

Cette princesse était célèbre pour la passion folle qu'elle éprouvait pour ses chiens, auxquels M. Véron-Réville a fait, en 1858, l'honneur d'un article dans la « Revue d'Alsace » : c'est là que nous avons puisé les détails qui suivent :

La fille du duc George avait constamment 25 à 30 chiens dans sa chambre. Chaque portée nouvelle était, à son avénement, l'occasion au château (la princesse habitait le château d'Ostheim) de fêtes et de réjouissances. Les nouveaux venus recevaient, avec un simulacre de baptême, des noms de saints. A leur mort, il leur était fait des funérailles en règle; les choses en vinrent au point que la princesse voulut contraindre le curé à les enterrer dans son église, et il ne fallut rien moins qu'un arrêt du Conseil souverain d'Alsace, pour empêcher cette odieuse profanation de s'accomplir. Ce fut ensuite dans le temple protestant qu'elle voulut inhumer ses bêtes, mais le ministre résista à son tour, et la princesse n'osa pas insister. Elle prit alors le parti de construire, pour ses chiens, une chapelle funéraire qu'elle fit établir à grands frais. Au milieu de la nef s'élevait un mausolée, surmonté de l'écusson ducal de Wurtemberg, avec cette inscription : *Par la grâce de Dieu, nous sommes ce que nous sommes.* Sur les quatre faces du monument étaient gravés les passages de l'Ecriture-Sainte se rapportant aux chiens de Job et à celui de Tobie.

Le portrait que fait de cette femme M. de la Houssaye, intendant d'Alsace à cette époque, nous explique ces excentricités.

Sa teste, écrivait-il, est si mal timbrée, sauf le respect deu à sa naissance, qu'il faut luy pardonner, ce qu'on ne passerait pas à d'autres.

—

14. 1787. — *Naissance de Marc-David Lavie,* représentant à l'assemblée constituante du baillage de Belfort. Fils d'un perruquier de Montbéliard, le futur député quitta, très-jeune encore, le toit paternel. Il fut recueilli par les Jésuites de Nancy, qui, charmés de ses dispositions, l'élevèrent et le firent entrer dans leur noviciat : mais le lévite prit une seconde fois la clef des champs. Après quelques études de chirurgie, il s'embarqua pour les Antilles, s'établit à Saint-Domingue, et y fit une très-brillante fortune. Ruiné par la Révolution, il revint en Europe, et fut député par Belfort à l'assemblée constituante.

Il écrivit à cette époque quelques pamphlets politiques qu'il ne signa pas. Retiré à Danjoutin, près de Belfort, où il possédait un petit domaine, il y fut surpris par la mort, en 1793.

—

14. 1672. — *Incendie du pont du Rhin à Kehl, par des brûlots français.* — Ni les 1500 Suisses de garnison à Strasbourg, ni la milice bourgeoise ne s'opposèrent à cette incartade dont le gouverneur de Brisach était l'auteur. Cependant Strasbourg s'en plaignit à Louis XIV, qui fit cette réponse : « Qu'on m^e sache gré d'avoir détruit le pont. Les troupes de Brandebourg ne pourront venir ravager les environs de la ville ! »

15. 1353. — *Mort de Jeanne de Ferrette, épouse d'Albert d'Autriche.* — Malgré les calomnies dont cette princesse fut l'objet, la plupart des historiens font d'elle le plus bel éloge. Aux qualités physiques les plus séduisantes, elle joignit tous les dons de l'intelligence. Lorsque son père, Ulrich, dernier comte de Ferrette, fit le voyage d'Avignon pour aller demander au pape Jean XXII la ratification de la charte, à lui octroyée par l'évêque de Bâle, Gérard de Wippingen, et déclarant ses filles habiles à lui succéder dans les fiefs bâlois, il l'emmena avec lui. La jeune fille étonna la cour papale par ses grâces et ses talents: elle prononça devant le souverain pontife un discours latin, et ce fut en grande partie à son éloquence douce et persuasive, que nos voyageurs durent la faveur qu'ils imploraient. Esprit mâle dans un corps de femme, Jeanne de Ferrette fut plus tard l'inspiratrice de la plupart des entreprises de son noble époux, *le magnifique seigneur Albert II, duc d'Autriche, de Styrie, de Carinthie, comte de Habsbourg et de Fribourg, Landgrave d'Alsace*, etc. C'est à ce prince, surnommé le « Sage » ou encore le « Boiteux, » et célèbre par son amour pour les sciences et les arts, que l'Autriche doit la merveilleuse cathédrale qui fait l'ornement de sa capitale, et Vienne, la prospérité de ses écoles.

Albert et Jeanne acquirent successivement, par une série de partages et de cessions tout l'héritage des comtes de Ferrette. Leur administration laissa de nombreuses traces dans le pays. Ainsi Albert entoura Altkirch de fortifications, et sa femme résuma dans un règlement qui porte la date de 1342, la constitution, les coutumes et les usages du fief colonger de cette ville; pour aider la ville naissante de Thann dans son développement, Jeanne y ajouta quatre villages; elle mit

Cernay en possession de ses communaux, et peut, pour ainsi dire, en être considérée comme la fondatrice, etc. etc.

Jeanne de Ferrette mourut à Vienne et fut inhumée à la Chartreuse de Gemmingen; cinq années plus tard, on descendit à ses côtés le corps de son époux. Ce couvent avait été fondé par le duc; aujourd'hui il est converti en magasin de laines, mais l'église qui abrite les tombes d'Albert II et de Jeanne de Ferrette existe encore.

---

15. 1632. — *Première apparition des Suédois devant Colmar.* — On connaît l'origine de la guerre de 30 ans : sur le refus de l'empereur Mathias de les défendre contre les empiétements que l'on faisait sur leurs droits, les protestants de Bohême se soulevèrent, et demandèrent justice les armes à la main. Dans les commencements ils ne furent guère heureux; mais quand Gustave-Adolphe eût jeté son épée dans la balance, les affaires changèrent de face. Ce héros s'avança vers l'Allemagne du Sud avec la rapidité de l'aigle. Il envoya son général Horn, et le Rhingrave Othon-Louis, en Alsace, avec 10,000 hommes de troupes et 10 canons. Après un siège opiniâtre, Benfeld, vaillamment défendu par Bulach, céda; Schlestadt allait en faire autant, lorsque les premiers soldats suédois parurent dans les environs de Colmar.

Les protestants de cette ville avaient eu beaucoup à souffrir, depuis quelque temps, de la part de l'Autriche. Un ordre de Ferdinand II les avait mis dans la triste nécessité ou d'abandonner la ville, ou de renoncer à leurs croyances; leur temple avait été fermé; le magistrat, composé en grande partie de protestants, avait été destitué, et ses membres remplacés par des journaliers et des vignerons catholiques.

Les Suédois comptaient sur l'irritation que ces mesures avaient dû faire naître dans la population colmarienne; ils crurent qu'il suffirait de quelques simples démonstrations pour faire tomber toute résistance. Cependant quand ils parurent, les cavaliers de la garnison sortirent et prouvèrent à l'ennemi, par leur attitude menaçante, qu'il s'était trompé, du moins pour le moment. Il ne résulta d'ailleurs de cette première rencontre qu'une légère escarmouche.

—

16. 1297. — Le 15 des Calendes de Décembre (ou 16 Novembre), on cueillait des roses dans le jardin des Frères-Prêcheurs, de Colmar.
(Annales et Chronique des Dominicains de Colmar, p. 175.)

—

17. 1803. — Extrait du *Moniteur*, du 17 Novembre 1803. — C'est au citoyen Félix Desportes, préfet du Haut-Rhin, que l'on a l'obligation d'avoir encouragé et répandu avec le plus grand succès l'inoculation de la vaccine dans son département. Les premiers essais que l'on en fit dans le département datent du commencement de l'an IX.

—

18. 1295. — Dans l'octave de S. Martin, c'est-à-dire entre le 11 et le 18, les seigneurs de Girsperg, réconciliés avec la ville de Colmar, y font leur entrée solennelle.

S'il était, et s'il est encore un château aux abords sauvages et difficiles, pour ne pas dire impossibles, c'est bien le Girsperg. Véritable nid d'aigles, il se dresse sur un roc formidable et solitaire, d'où il semble défier tous les efforts humains. Et cependant, en l'an de grâce 1289, les habitants de Colmar osèrent en tenter le siège, car ils étaient irrités de la mort de leur ancien Schulteiss, le chevalier Sigfried de Gundolsheim, que les seigneurs de Girsperg avaient assassiné par la main de Svsing, leur instrument: l'empereur Rodolphe de Habsbourg, de passage à Colmar, avait proscrit les meurtriers. Il leur fallut de la patience, à ces braves Colmariens, car l'année s'écoula tout entière, et le château était toujours là, écrasant leurs rangs de toute sa hauteur. Le 12 Février 1290 l'empereur avait déjà donné, outre l'entretien, 1900 livres à ceux qui sapaient le Girsperg. Il leur eût bien donné encore, disent les chroniques, « deux porcs de..., deux bœufs, deux vaisseaux de vin, 1400 pains, » mais ces secours ne suffisaient pas, lorsque, par un bonheur inespéré, les seigneurs de Girsperg se rendirent à merci, le 6 Février, au landvogt d'Alsace. On fit grâce aux serviteurs; quant aux maîtres du céans, on les emmena prisonniers. L'empereur leur rendit la liberté, mais à des conditions très-dures, et le château fut détruit.

Bientôt cependant s'évanouit la haine des uns et des autres: les vaincus apportèrent leur appoint à l'œuvre de restauration de Colmar, ils y firent leur entrée en signe de réconciliation, et le Girsperg fut rebâti. (1295).

—

19. 1632. — *Le Rhingrave Othon* se présente lui-même sous les murs de Colmar et somme la ville de se rendre.

Fortifiée en 1552 par Specklin, Colmar était, grâce à ses nouvelles fortifications, et malgré les faibles proportions, le petit nombre de ses bastions, l'une des meilleures places de la province. Elle était défendue par le commandant Vernier; 600 hommes de pied et 200 cavaliers, à qui, si besoin était, une nombreuse bourgeoisie pouvait prêter main-forte, composaient sa garnison.

Vernier réunit le grand conseil, composé des échevins; le commandant et les échevins se trouvèrent d'accord: la sommation du Rhingrave fut repoussée. Alors l'ennemi serra la place de plus près: il détourna le canal, et réduisit à néant deux moulins qu'alimentait la Lauch; il ne resta plus à la ville, pour moudre ses blés, que le moulin de Saint-Guy.

—

20. 1791. — *Quatre officiers municipaux,* accompagnés du greffier, d'un détachement de la garde

nationale, et précédés de *quinze* tambours, parcourent la ville, et publient dans chaque quartier la proclamation du roi, concernant les Français émigrés.

---

20. 1818. — *Pose de la pierre angulaire du collége de Lachapelle-sous-Rougemont*, par Louis-Antoine de France, duc d'Angoulême, et fils aîné de Charles-Philippe de France, qui fut plus tard Charles X,

---

21. 1818. — *Le duc d'Angoulême passe la journée à Belfort.* — Quelque temps auparavant, le duc de Berry avait été en Alsace, mais ses hauteurs avaient laissé dans tous les esprits les plus fâcheuses impressions, ainsi que le prouvent suffisamment les chansons écloses de tous côtés sur son passage. Pour détruire ces tristes effets, le duc d'Angoulême résolut de faire le même voyage, et de réparer, à force d'amabilité, le mal causé par son frère.

Le duc arriva donc à Belfort, et fut reçu sur le glacis de la ville par les autorités et la garde nationale dans sa plus belle tenue : il était dix heures du matin. Le prince monta à cheval, traversa la ville, recueillant de droite et de gauche les pétitions qui lui étaient présentées, et monta au château qu'il visita dans tous ses détails. Un logement avait été préparé chez M. Daguenet, négociant, et l'on n'avait rien négligé pour le rendre aussi agréable que possible à l'hôte qu'il devait recevoir. Le duc s'y rendit à quatre heures, et y reçut les corps de la garnison, les officiers en retraite et en disponibilité. La ville lui offrit ensuite un magnifique repas, auquel assistèrent les principaux fonctionnaires civils et militaires; on y remarqua entre autres M. Triponé, membre du conseil général, et MM. Japy et Kœchlin, membres du conseil d'arrondissement et manufacturiers. De là, le prince passa au bal, où l'attendaient 800 invités; il trouva une parole gracieuse pour chacune des dames qui lui furent présentées par M. de Brancas.

En quittant la ville, le duc d'Angoulême témoigna à M. le préfet la satisfaction qu'il avait éprouvée dans son département, et laissa pour les pauvres de la localité des preuves de sa libéralité.

—

21. 1793. — *Fête de l'Etre suprême à Strasbourg.* — Gobel, évêque de Paris, suivi de treize de ses vicaires, s'étant présenté, le 7 novembre 1793, devant la Convention, abjura solennellement sa religion. Le culte catholique fut alors remplacé par le culte de la Raison, et un décret fixa au 10 novembre, à Paris, la première fête de la nouvelle divinité. L'exemple de la capitale fut bientôt suivi par la province. L'ardeur toute nouvelle des Strasbourgeois pour les innovations de ce moment ne manqua pas l'occasion de se manifester, et la cathédrale, travestie en temple de la Raison, fut témoin de leurs sacriléges évolutions.

La ville de Strasbourg, naguère encore si calme, si sage, si modérée, protestant contre la mort du roi et contre les violences de ses successeurs improvisés, avait à cette époque complétement cédé au vertige, et s'était jetée dans le tourbillon à corps perdu. Nous ne pouvons nous empêcher de nous rappeler ici les pages d'un de nos plus grands écrivains qui, parlant des différentes phases de la Révolution, ajoute : « Ce sont des cercles descendants, comme les cercles de l'Enfer du Dante. Quand cet enfer s'empare d'une ville ou d'un royaume, il met tout d'abord en avant son plus haut cercle, celui qui touche à la raison, à la justice, à la paix. Le lendemain, il chasse le premier cercle par le second, et les cercles se succèdent vite, et descendent, en roulant, jusqu'à celui où l'on demande des têtes, où l'on égorge, où l'on poignarde. Les cercles se dévorent entre eux. Le plus violent écrase le moins violent, le plus stupide dompte le moins stupide. C'est une loi nécessaire. »

21. 1803. — *Exécution du fameux chef de brigands Schinderhannes* (Jean Buckler). — La terreur qu'inspirait cet homme était telle, que les populations des bords et de droite et de gauche du Rhin s'imaginaient le voir partout. Il est mainte commune de nos environs où il est réputé avoir passé.

Certains écrivains se sont plu à faire de ce monstre un brigand sentimental, un héros de théâtre lyrique, à entourer d'une auréole poétique cette figure hideuse. D'après eux, ce serait pour se venger d'un outrage public, d'un fouet qu'il aurait reçu en châtiment d'une peccadille d'enfant, que le jeune Buckler aurait déclaré la guerre à la société et serait devenu Schinderhannes ou Jean l'écorcheur. Mais tout autre est le véritable Schinderhannes, tel qu'il ressort des documents contemporains, des pièces de son procès. Ce n'est pas seulement aux juifs qu'il en voulait, comme le dit le roman, car il se faisait peu de scrupule de dévaliser, ou même de bel et bien occire tous les malheureux que la fatalité mettait sur son chemin, quelque bons chrétiens qu'ils fussent. Il était également loin de partager son butin entre les pauvres et les déshérités de ce monde, et ce qu'il enlevait aux riches ne servait qu'à assouvir ses passions. Il allait vendre le produit de ses rapines sur la rive gauche du Rhin, où il se faisait appeler Jacob Ofenlock de Bamberg; sur la rive droite, il prenait le nom de Durchdenwald.

Schinderhannes naquit d'un pauvre journalier, en 1779, à Mahlen, près de Rastadt. Joueur et ivrogne, malgré son jeune âge, il commença par voler son père, s'enfuit, et entra en service chez le bourreau de Berrenbach, près de Kürn.

C'est dans l'exercice de ces nobles fonctions de valet de bourreau qu'il acquit le surnom de Schinderhannes. Il quitta son maître quelques années après, et commença la vie de vagabondage, de débauches et de crimes qui le mena à la guillotine.

Arrêté et conduit à Mayence, il comparut devant ses juges avec 65 de ses complices. Son procès, pendant lequel on entendit plus de 300 témoins, dura au-delà de 18 mois, et coûta près de 300,000 francs. On parvint à établir jusqu'à 52 crimes. Des 65 accusés il en fut condamné 20 à mort, 7 à 24 ans, 3 à 22 ans, et 6 à quelques mois de galères; 3 à 2 ans de prison (notamment la maîtresse de notre héros, Julie Blæsius), et 2 au bannissement; le reste fut rendu à la liberté. Parmi ceux qui furent condamnés à 20 ans de galères se trouvait l'honorable père de Schinderhannes, qui, paraît-il, ne valait pas beaucoup plus que son fils; il ne lui survécut que d'un mois.

Schinderhannes fut exécuté le lendemain de sa condamnation. Il n'avait que 24 ans.

---

22. 1791. — La commune de Kaysersberg, *légalement assemblée*, a arrêté et fait présenter au directoire du département une pétition sagement motivée, par laquelle elle demande de conserver dans ses murs les prêtres réguliers et séculiers qui y ont demeuré jusqu'ici (la plupart dans leur famille), *sauf à livrer à l'animadversion des lois ceux qui troubleraient le repos public.*

A cette époque, grâce à un arrêté du département, une quarantaine de prêtres s'étaient déjà réfugiés à Colmar.

---

23. 1791. — *Incendie de la Chartreuse de Molsheim.* — Quand fut supprimée (1591) à Strasbourg la maison des Chartreux, ces religieux se retirèrent à Molsheim, et y bâtirent en 1597 un couvent.

Au commencement de la Révolution, leur église était peut-être la plus riche du Bas-Rhin, mais le 23 novembre 1791, à trois heures du matin, le feu se déclara avec violence dans le couvent. En peu de temps, l'église ne formait plus qu'un monceau de ruines : tous les efforts qu'on fit pour la sauver furent inutiles. On ne put conserver du couvent que quelques cellules, la bibliothèque (celle-ci, grâce à l'énergie intelligente du procureur de la commune), et quelques objets précieux. Une partie des vitraux peints qui ornaient le réfectoire et le cloître, et qui passaient pour des chefs-d'œuvre, put être sauvée. Ceux qui échappèrent à la destruction furent portés au musée de Strasbourg; plus tard ils furent répartis dans les baies de l'étage supérieur de la bibliothèque de la même ville, où, naguères encore, ils excitaient l'admiration de tous les visiteurs. Comme on le voit, leur perte ne fut que différée de trois quarts de siècle, puisque pendant le bombardement de Strasbourg, en 1870, ils partagèrent le sort du monument qui leur avait donné asile.

Suivant toutes les apparences, l'incendie de la Chartreuse de Molsheim dut être attribué à la malveillance. En effet, le feu éclata en plusieurs endroits à la fois; on trouva une échelle de cordes avec des échelons de bois, des fausses-clefs, des passe-partout aux portes de l'église et du clocher, partout des matières combustibles, comme torches, etc.; enfin, ou put voir dans plusieurs endroits de quelle manière le feu avait été mis.

Les habitants du voisinage et le bataillon de volontaires (dont une patrouille avait aperçu la première le feu), rendirent de grands services dans cette circonstance où, d'ailleurs, il n'y eut pas à constater mort d'homme u accident de ce genre.

—

23. 1807. — *Mort de Jean-François Reubell.* — Reubell naquit en 1747 à Colmar, dans la maison occupée aujourd'hui par le banquier M. Abraham Sée. Bâtonnier de l'ordre des avocats en 1789, il fut député aux Etats-généraux par les bailliages réunis de Colmar et de Schlestadt. Il se déclara en toute circonstance partisan des opinions libérales; cependant il s'opposa à l'admission des juifs aux droits de citoyen, *vu les vices de leur éducation et leur peu de lumière.*

Le 25 avril 1791, il fut élu président de l'assemblée nationale. Nommé ensuite procureur général syndic du département du Haut-Rhin, il demeura à ce poste tant que dura l'assemblée législative. Il fut élu en septembre 1792 membre de la Convention nationale, et, le 20 du même mois, il vota l'établissement de la République. En mission aux armées, à l'époque du jugement de Louis XVI, il adhéra par écrit à sa condamnation; il resta enfermé à Mayence, pendant le siége de cette ville, avec Merlin et Haussmann. Après le 9 thermidor, il se prononça fortement contre les terroristes, et entra dans les rangs des Thermidoriens. En décembre 1794, la Convention le reconnut pour son président. Le 25 ventôse an III, il entra au comité du Salut public, puis fut nommé membre du conseil des Cinq-Cents, qui le choisit pour un de ses secrétaires.

Grand travailleur, jurisconsulte habile, homme intègre Reubell s'était toujours montré à la hauteur des fonctions auxquelles la confiance de ses concitoyens l'avait élevé; son application, son aptitude pour les affaires et une certaine vigueur de l'âme l'avaient fait vite remarquer parmi ses collègues des assemblées souveraines. Quand la France se donna un directoire, on jeta les yeux sur lui, et 176 votes sur 218 l'appelèrent à siéger aux côtés de Réveillère-Lépeaux, de Letourneur, de Carnot et de Barras. Au mois de mai de l'année suivante, il fut remplacé par Seyès. Réélu aux Cinq-Cents et aux Anciens, il se retira des affaires publiques après le 18 brumaire. Reubell osa dire au premier consul qui lui proposait un emploi : « Je ne vous aime pas, vous affectez la tyrannie. »

Il mourut ignoré, à Colmar, dans la maison Hosemann, rue Saint-Nicolas.

—

24. 1723. — *Règlement de la cour de Colmar*, défendant aux habitants, sous peine d'amende, d'employer pour la vidange de leurs fosses d'aisance d'autres ouvriers que les valets du bourreau. Le même règlement permettait à l'exécuteur des hautes œuvres de faire main-basse sur les chevaux qui, exposés en vente, ne valaient pas plus de deux florins.

24. 1791. — *Dietrich*, réélu maire à Strasbourg, est solennellement installé en la maison commune, avec les nouveaux municipaux et notables.

Les fonctions de M. Matthieu, procureur de la commune et absent de la ville pour le moment, étaient remplies par son substitut. Celui-ci remit au maire une grosse médaille que le *civisme* de 400 citoyennes avait fait frapper, pour reconnaître le mérite et les services distingués de son premier magistrat. Cette médaille représentait d'un côté un aigle, qui prend son vol vers le soleil, et de l'autre la ville de Strasbourg, sous la figure de Minerve, qui détache d'un chêne une couronne pour son maire Dietrich.

Après avoir reçu ce témoignage de la gratitude de ses concitoyens, M. Dietrich lut à l'assemblée nombreuse qui était présente un précis des travaux de la municipalité sous son administration. C'était un tableau tant des occupations des divers bureaux que de la municipalité entière. On y faisait ressortir notamment l'activité du bureau des domaines qui, en peu de temps, avait vendu pour 200 mille livres de biens communaux; ces biens n'avaient jusque-là rien rapporté ou fort peu, coûtaient beaucoup d'entretien et pouvaient être regardés comme superflus.

Les feuilles de l'époque constatent, à l'occasion de cette fête, beaucoup d'améliorations pendant l'administration de Dietrich, et un grand nombre d'établissements importants et utiles en chaque partie, et surtout en matière de police et de bienfaisance.

Mais, vanité des faveurs populaires! un an après, jour pour jour, Dietrich se préparera, dans les sombres prisons de l'Abbaye, à défendre cette même administration, son nom sera maudit par ce même peuple, et quand un habitant de Strasbourg voudra la mort d'un de ses concitoyens, il lui suffira de le signaler comme un ami du *traître Dietrich*.

24. 1627. — *Arrivée à Colmar du chambellan Jean-Ernest Fugger et du docteur Jean Lindner, dé-*

léguée par l'archiduc Léopold, grand bailli d'Alsace, pour rétablir en cette ville le culte catholique dans tous ses anciens droits. Quand la Réforme eut triomphé à Colmar, les « nouveaux croyants, » dit M. Mossmann, « firent de la persécution contre l'Eglise une affaire de conscience, une question de salut. » Le magistrat défendit aux catholiques l'usage des cloches et de l'orgue, interdit la prédication au clergé régulier, la célébration des offices publics dans les églises conventuelles, etc. etc. De là plaintes nombreuses, tant à l'évêque de Bâle qu'au grand bailli et à la maison d'Autriche. Pendant longtemps celle-ci, fidèle à sa politique de temporisation, ne prit que des mesures vaines et insuffisantes. Enfin, par un mandement du 17 Juillet 1627, l'empereur Mathias donna mission à l'archiduc Léopold de mettre fin, en sa qualité de bailli provincial, aux nouveautés introduites à Colmar. L'archiduc envoya dans cette ville deux délégués. Ceux-ci prêtèrent une oreille complaisante à tous les discours qui leur furent débités par le magistrat; mais quand le moment fut venu de répondre, ils se contentèrent de faire entendre, d'un ton bref, qu'ils n'étaient pas là pour juger, mais pour exécuter des ordres. Il fallut bien leur céder. Tel fut le point de départ d'un système de réaction et de compression qui eut les plus tristes résultats, puisqu'il priva la ville de Colmar d'un bon nombre de ses meilleures familles, qui émigrèrent au dehors.

—

25. 1375. — *Enguerrand de Coucy quitte l'Alsace pour se jeter sur la Suisse.*

L'héritage de Catherine de Savoie, fille d'Amédée V, et seconde femme de Léopold, duc d'Autriche et landgrave de la Haute-Alsace, comprenait des terres situées en Brisgau, en Alsace et en Argovie. Sa fille Catherine ayant épousé le sire de Coucy, donna le jour à un fils, Enguerrand VII. Quand celui-ci réclama aux ducs d'Autriche, la part qu'ils détenaient de la succession de son aïeule, ils s'y refusèrent. Cependant l'empereur lui-même reconnaissait les droits du sire de Coucy, et, de plus, le roi d'Angleterre appuyait sa demande; mais ce fut en vain. Alors Enguerrand résolut de conquérir les armes à la main, ce que la justice de ses réclamations ne lui faisait pas obtenir.

Une foule de Picards, de Bretons et des corps entiers d'Anglais s'enrôlèrent sous sa bannière. Il lança ces bandes en Alsace, en attendant qu'il y vînt lui-même avec une petite armée d'Allemands, qu'il était occupé à former. Quand ces premières troupes entrèrent dans notre malheureuse province, elles se composaient, d'après les chroniqueurs du temps, de 70,000 hommes au moins, parmi lesquels on comptait 50,000 hommes à cheval, et, de 6000 à 7000 cavaliers d'élite; elles obéissaient à 25 capitaines, qui, chaque soir, délibéraient en commun sur les mouvements à opérer.

Quand les Routiers, c'est ainsi qu'on les appelait, arrivèrent aux environs de Strasbourg, ils mirent à feu et à sang plusieurs villages, et firent entendre que le même sort attendait tout le pays dans le cas où il ne leur serait baillé bonne et forte ra...n. Effrayé, le magistrat de Strasbourg députa vers eux ... ar connaître leurs conditions. Ils n'exigèrent rien moins que 60,000 florins d'argent, 60 étalons et 60 pièces de drap d'or et de soie : cela parut exorbitant, et on passa outre. Là-dessus les ennemis s'éparpillèrent dans la Basse-Alsace, prenant, pillant, tuant à droite et à gauche; quand ils furent las, ils se réunirent en un seul corps et se présentèrent devant Strasbourg. Trois tentatives pour surprendre la ville furent vaines. Ils ne furent pas plus heureux devant les autres places de la contrée, et ne réussirent qu'à Wangen; encore ne s'en emparèrent-ils que par la trahison.

La visite dont ces terribles hôtes honoraient l'Alsace, durait depuis 5 semaines, lorsque vint le sire de Coucy. Il entraîna les pillards à sa suite, et marcha vers Brisach, où Léopold s'était enfermé. L'archiduc avait eu soin de raser tous les environs sans laisser un épi sur place; les soldats d'Enguerrand s'étaient chargés du reste de la Basse-Alsace, comme nous l'avons vu. Faute de ressources, il leur fallut lever le pied.

Ce fut alors que cette masse d'hommes s'ébranla pour

tomber sur l'Argovie : c'était le 25 Novembre. Enguerrand de Coucy n'y eut pas plus de succès. Battu par les Suisses à Buttisholz et à Frauenbrunn, il se replia sur le Sundgau où ses compagnons reprirent leurs ébats, jusqu'à ce qu'un traité entre Léopold et Enguerrand les jetât hors de l'Alsace. D'après ce traité le sire de Coucy, devenu plus modeste, reçut l'investiture des seigneuries de Nidau et de Buren, et s'en contenta.

—

25. 1793. — Sur l'ordre de Saint-Just et de Lebas, es statues des saints placées autour de la cathédrale de Strasbourg sont abattues.

St-Just, né en 1768, avait été député par le département de l'Aisne à la Convention nationale, où il se fit remarquer par son humeur dévastatrice, et ses propositions sanguinaires. Après le procès des Girondins, dans lequel il prit une part très-active, il fut envoyé en mission dans les départements, qu'il couvrit d'échafauds et noya dans le sang. L'Alsace surtout eut à souffrir. Il arriva, le 4 Brumaire an 2 (25 Octobre 1793) à Strasbourg avec Lebas. Celui-ci, envoyé à la Convention par le département du Pas-de-Calais, avait une apparence de modération et de timidité qui contrastait étrangement avec ses actes ; mais, uni par les liens de la plus étroite amitié à Robespierre et à St-Just, il puisa dans ces âmes atroces cette férocité qui n'était pas le caractère de la sienne.

La tyrannie de ces hommes devint si épouvantable, qu'un grand nombre d'Alsaciens abandonnèrent leurs champs et leurs demeures, pour chercher un refuge dans la Forêt-Noire. Les deux Conventionnels eurent du moins le mérite de signer le 14 Décembre 1793, l'ordre d'arrestation d'Euloge Schneider, et de faire disparaître de la scène du monde cet autre monstre, qui représentait à Strasbourg le jacobinisme allemand.

—

26. 1790. — Le procureur général syndic du département du Haut-Rhin, ayant invité l'évêque de Bâle à

transférer sa résidence à Colmar, son Altesse répondit qu'elle ne pouvait prendre aucune décision en ce qui concernait son siége épiscopal, sans avoir consulté son chapitre, et que, de plus, l'évêché de Bâle étant resté immédiatement soumis à l'empire romain, en vertu du traité de Westphalie, le chapitre ne pouvait acquiescer à cette demande sans y être autorisé par la diète de l'empire.

On sait qu'à cette époque la juridiction spirituelle des évêques de Bâle, divisée en 11 décanats, comprenait pour l'Alsace seulement, les cantons actuels de Ribeauvillé, de Kaysersberg, de La Poutroye, de Colmar, de Munster, de Wintzenheim, d'Andolsheim, de Neuf-Brisach, de Rouffach, de Guebwiller, de Soultz, d'Ensisheim, de Habsheim, de Mulhouse, de Cernay, de Thann, de St-Amarin, de Massevaux, d'Altkirch, de Dannemarie, de Hirsingue, de Delle, de Huningue, de Ferrette, de Giromagny et une partie des cantons de Fontaine et de Belfort. Cet état de choses tomba avec l'évêché de Bâle en 1792.

—

27. 1791. — Adresse envoyée de Strasbourg à l'Assemblée nationale, et signée par un grand nombre d'habitants de la Haute- et de la Basse-Alsace, pour demander vengeance des attentats commis à Oberkirch, village appartenant au cardinal de Rohan, contre les sieurs Daniel Grimmeisen et Louis Kiehner.

Ces deux malheureux, appelés à Oberkirch par leurs affaires, y avaient été attaqués, sans motif aucun, par des officiers du ci-devant régiment de Berwick. Non contents de les accabler des plus grossières injures, les coupables, qui étaient en nombre, les frappèrent lâchement de leurs armes, les chassèrent hors du bourg, et les maltraitèrent au point que les deux victimes, ne pouvant plus monter sur leurs chevaux, furent obligées de recourir à l'assistance de charitables paysans, pour gagner le village voisin.

L'adresse finissait par ces mots : « Nous vous annonçons, Messieurs, que notre sang bouillonnera de fureur, jusqu'à ce que vous ayez prouvé à l'univers entier, dans cette occasion, que vous êtes dignes de représenter les Français qui n'ont reçu encore aucune satisfaction de mille sanglants outrages, que les plus vils des hommes ont osé leur faire. »

—

27. 1791. — M. Johannot (Jean) est élu président de l'Administration du département du Haut-Rhin, MM. Metzger et Haun de Colmar, Bechelé de Cernay et Clavé d'Altkirch, sont nommés membres du directoire du même département.

M. Johannot était arrivé dans le pays en 1787. Une nouvelle société ayant succédé à Wesserling, à la maison Pierre Dollfus et Cie, il en fut nommé directeur. En 1789 il se trouva placé, de gré ou de force, à la tête de l'insurrection de la vallée de Saint-Amarin. En 1791 il organisa les bataillons des Volontaires nationaux dans la même vallée. Après avoir siégé au directoire de Colmar, comme président, il fut envoyé à la Convention nationale, où il se distingua par ses connaissances en matière financière. Il vota la mort du Roi, quoique sous la condition de l'appel au peuple, et plus tard, il travailla à la chute du régime et des agents de la terreur. Nommé au conseil des Anciens en l'an III, Johannot n'y resta que deux ans. A partir de cette époque il ne reparut plus dans notre province.

Metzger (Jean-Ulrich), avait été stettmestre adjoint de Colmar, jusqu'en 1789. Il fut plusieurs fois élu membre du corps législatif sous l'Empire, et mourut à Colmar, le 25 Février 1826.

—

27. 1791. — Trois professeurs allemands, MM. Dereser de Bonn, Dorsch de Mayence, et Schwind de Trèves, ayant quitté leur patrie pour venir s'établir à Strasbourg, prêtent le serment civique. M. Dorsch prononce à cette occasion un discours, qui est vivement apprécié par la population.

28. 1749. — Mort d'Anne-Armand de Rosen, Marquis de Bollweiller.

La famille de Rosen arriva sur les bords du Rhin à la suite des Suédois, et s'y fixa. En très peu de temps, elle s'éleva dans les armées du roi de France aux plus hautes dignités, et s'unit par différentes alliances aux premières maisons de son pays adoptif, notamment aux Voyer d'Argenson et aux Broglie. Elle possédait entre autres domaines le château de Bollweiller, que le touriste qui traverse le village de ce nom pour se rendre à Soultz ou à Guebwiller, salue à peine du regard, sans se douter des émotions qu'il y trouverait. C'est au fond de jardins et de cours spacieuses, où pouvait manœuvrer à son aise le brillant régiment de Rosen-cavalerie, que s'élève le vieux manoir. Ses vastes salles, ses chambres lambrissées, aujourd'hui silencieuses, mais remplies, il y a un siècle, du bruit et des éclats d'hôtes nombreux, donnent quelque idée de la magnificence de ses anciens hôtes. Le tout est circonscrit par une large pièce d'eau qui fut creusée au XIIIme siècle pour former un abri à la population du village. Pour sortir de la propriété on franchit une porte ogivale et l'on traverse le pont de bois qui a remplacé l'ancien pont-levis.

Anne-Armand de Rosen, marquis de Bollenweiller, comte de Tettenwiller et de Grammont, Baron de Conflandey, etc., mourut à Paris, à l'âge de 38 ans. Il s'était distingué à l'assaut de la citadelle de Tournai, en 1745, et était lieutenant général des armées du Roy, et mestre-de-camp du régiment de cavalerie qui portait le nom de Rosen. Ce régiment avait : « six étendards de soie jaune, portant devise du roy, soleil aux quatre coins, trophées d'armes, le tout brodé en argent ainsi que le carré ; le revers était brodé de même avec trophées aux coins et au milieu un rosier fleuri avec ces mots au-dessus : *Flores cum in armis*, brodé et frangé d'or. »

Anne-Armand avait épousé Jeanne-Octavie de Vaudrey, fille unique de Nicolas-Joseph, comte de Vaudrey, baron de St-Rémy et de Jeanne-Catherine de Rottembourg, (dont la mère était elle-même une Rosen, fille aînée du maréchal de ce nom). Jeanne-Octavie de Vaudrey apporta dans la maison de son mari la baronnie de Saint-Rémy, les terres de

Montot et de Bétoncourt avec leurs dépendances en Franche-Comté, et celle de Massevaux, en Haute-Alsace.

De ce mariage sont nés :

1° Louise-Jeanne-Charlotte de Rosen, reçue chanoinesse de Remiremont, morte à l'âge de 12 ans;

2° Eugène-Octave-Augustin, Marquis de Rosen, maître-de-camp en second du Régiment de cavalerie de Wurtemberg, ci-devant Rosen, né le 28 Août 1737;

3° Trois garçons morts en bas-âge;

4° Marie-Anne-Charles de Rosen, née posthume, le 11 Avril 1750.

—

28. 1791. — « La Commune de Hœrdt a célébré solennellement l'achèvement et l'acceptation de la Constitution. » *Courrier des deux Nations*, du 28 Novembre 1791.

Hœrdt ou Hördt est un gentil village, situé dans le canton de Brumath, sur la route départementale de Bischwiller à Strasbourg, et le chemin de fer qui mène de cette dernière ville à Wissembourg. Il est doté d'une station, d'une lieutenance de douanes, et d'un dépôt de mendicité fondé en 1860. Ses 1793 habitants ont, pour y porter leurs prières, deux jolies églises bâties en 1848.

Quand la constitution de 1791 eut été promulguée, les habitants de Hœrdt l'accueillirent avec de grandes démonstrations de joie; comme on va le voir, ils firent fête à l'acte législatif. Un vieillard voulut en charger ses 92 ans, et toute la population se porta à l'église. Là, le prêtre catholique et le ministre luthérien entonnèrent, l'un après l'autre et d'une voix émue, le Te Deum; puis une messe fut dite après laquelle nos deux pasteurs, donnant libre cours à leurs élans patriotiques, débitèrent deux chaleureux discours; le tout, interrompu à chaque instant par des détonnations et des coups de feu, bruyante expression de l'allégresse publique. Il fut ensuite distribué au nom de la commune 12 sous à chaque bourgeois, et 4 sous, nouvellement frappés, à chaque membre de la gente écolière. Alors la joie du vieillard aux 92 ans fit explosion : « Je rends grâce à Dieu, » s'écria-t-il, « qui m'a fait voir ce jour heureux ! Je meurs content, puisque j'ai vu tous les bons Français délivrés de l'esclavage, sous lequel ils ont gémi si longtemps et sont sortis d'une servitude semblable à celle d'Egypte et de la captivité de Babylone. » Et sa voix chevrotante s'animait de plus en plus : « Je me sens tout rajeuni, une nouvelle vie m'anime, mon sang coule avec plus de force dans mes veines. Venez mes amis, finissons ce jour par une danse joyeuse. » Là-dessus le frétillant bonhomme fait un saut auquel succèdent à plaisir entre-chats et ronds de jambes des plus gaillards ; et tout le village d'en faire autant.

—

29. 1389. — L'empereur Venceslas absout du ban de l'Empire les bourgeois de Colmar, et les Juifs qui l'habitent.

Venceslas avait, par un diplôme daté du 20 mai 1388, rendu les habitants de Colmar bénéficiaires, pour dix ans, des contributions que les Juifs de cette localité devaient à l'Empire. Cependant, quelque temps après, poussés par la ville, les enfants d'Israël «se laissèrent détourner de l'obéissance qu'ils devaient à l'Empire.» Pour s'expliquer, de la part des Colmariens, cette excitation à la révolte, il faut supposer, soit que l'empereur ait disposé d'une autre manière du revenu, qu'il leur avait accordé, soit que ce cadeau fût grevé de charges trop lourdes pour être acceptable. Quoiqu'il en soit, Venceslas mit au ban de l'Empire, et les Colmariens et leurs Juifs.

Le 29 novembre 1389, il les releva de cette espèce d'excommunication civile.

—

29. 1588. — Réunion du corps des dix villes libres d'Alsace ; on y discute les griefs de la ville de Strasbourg contre le magistrat d'Obernai, au sujet des affaires religieuses de cette dernière ville.

Dans ces temps, plongés à bien des égards encore dans une véritable barbarie, la religion, loin de calmer les colères et les haines des hommes, ne faisait que servir de prétexte à leur explosion. Une des gloires de notre siècle est d'avoir réalisé cette tolérance religieuse que l'on découvre à la première page de toute religion honnête, quand elle est bien comprise. Souhaitons que ce progrès se consolide de plus en plus.

Jaloux d'obtenir, dans les affaires publiques de leur ville, la prépondérance dont jouissaient leurs coreligionnaires d'autres localités, les protestants d'Obernai avaient demandé secours et assistance au magistrat de Strasbourg. Celui-ci saisit de cette demande l'assemblée des représentants des dix villes impériales d'Alsace. Mais le magistrat d'Obernai, qui depuis longtemps veillait à ce que justice fût rendue à chacun, dans le rayon de son ressort, et qui avait pris toutes les précautions possibles pour que l'ordre y fût maintenu, fit cette ferme et digne réponse :

«Loin de vouloir entamer une dispute avec la ville de Strasbourg au sujet de la religion, nous refusons à cette ville tout droit d'intervention dans les affaires religieuses d'Obernai, vu qu'elle n'a aucune autorité civile à exercer dans cette cité, et que ce n'est qu'abusivement qu'elle s'est immiscée dans ces affaires, en prétextant l'exercie des fonctions de la Haute-Prévoté ; conséquemment nous ne pourrons jamais accepter la position qu'on voudrait nous créer, c'est-à-dire l'obligation de rendre compte à la ville de Strasbourg de notre administration intérieure. Quant à la paix religieuse, garantie par les constitutions de l'Empire, et invoquée par la ville de Strasbourg, elle consiste en ce que chaque état de l'Empire soit tenu de laisser aux autres Etats l'exercice paisible de leur culte. C'est à quoi s'est toujours conformée la ville d'Obernai, qui, elle aussi, est un état immédiat de l'Empire, et puisqu'elle ne trouble pas les autres villes dans leur religion, elle ne doit pas non plus être troublée dans le libre exercice du culte catholique qu'elle professe ; dès lors on doit s'abstenir de lui prescrire des règlements en matière de religion et d'avoir recours à des menaces, ainsi que cela a eu lieu naguère de la part de l'une des dix villes de la Confédération. Nous prions donc la ville de Strasbourg de ne plus prêter l'oreille aux plaintes de nos bourgeois dissidents, et encore moins de leur fournir assistance, puisqu'un tel procédé, qui créerait deux autorités dans la ville, aurait pour résultat inévitable le fomenter l'esprit de désobéissance et, finalement, de provoquer la révolte contre l'autorité légitime. »

Depuis lors la ville de Strasbourg se tint coi, et n'embrassa plus ostensiblement le parti de ses protégés d'Obernai.

—

29. 1752. — Naissance de Philippe-André Grandidier, prêtre, membre de l'Académie royale des Belles-Lettres de Paris et des Arcades de Rome, etc.

Selon l'autobiographie qu'il a laissée, et dont nous devons la publication à M. l'abbé Merklen, Grandidier «est né à Strasbourg, à 7 h. 1|4 du matin, un jour de mercredi qui était la veille de St-André.» On peut dire qu'il n'eut point de jeunesse. Presqu'au sortir de l'enfance, ses jours furent remplis par des pensées et des études sérieuses : à 10 ans, il avait composé un traité de mythologie, et une histoire abrégée de la république romaine; à 19 ans il était archiviste de l'évêché de Strasbourg ; à 25 ans, il était membre de vingt-et-une sociétés savantes. Ceux qui connaissent et l'âge auquel il mourut, et les travaux immenses qui remplirent sa courte carrière, ne seront pas étonnés de tant de précocité. D'ailleurs, énumérer ces travaux, c'est écrire sa vie : tout entier à ses études, il n'eut pas de temps à donner aux événements du dehors.

Il publia successivement :

Histoire de l'Evêché et des Evêques de Strasbourg, Strasbourg, 1777 et 1778, 2 vol. in-4°. (Cet ouvrage devait avoir 8 volumes);

Essais historiques et topographiques sur l'église cathédrale de Strasbourg, ibid., 1782, in-8°;

Vues pittoresques de l'Alsace. 1785, avec planches gravées par Walter, ibid., in-4°, sept livraisons;

Histoire ecclésiastique, militaire, civile et littéraire de la province d'Alsace, ibid., in-4°, ouvrage dédié au roi

Louis XVI, mais dont il n'a paru que le premier volume. Dans sa dédicace, l'éminent historien disait :

«J'ose présenter à Votre Majesté l'histoire d'une province qui fut le berceau de la monarchie, et qui a été recommandable dans tous les siècles par son amour et sa fidélité envers les princes qui lui ont donné des lois. L'Alsace, distinguée par les grands événements dont elle fut le théâtre, a goûté longtemps le bonheur et la paix sous les ancêtres d'une reine qui fait les délices et l'ornement de la France. Elle révère encore le sang de ses anciens maîtres, dans l'auguste compagne qui partage avec vous le plus beau trône du monde.»

Grandidier avait entrepris une histoire de l'Alsace, mais la mort l'arrêta au moment où il mettait la main au VIe siècle.

A côté de ces grands labeurs, il travailla pour l'art de vérifier les dates, fournit à l'abbé Godessard des notes pour sa Vie des Saints, donna des articles à la *Germania sacra*, éditée par don Gerbert, abbé de St-Blaise, dans la Forêt-Noire, enfin, écrivit une série de mémoires et de dissertations dont voici quelques titres :

Mémoires pour servir à l'histoire des poëtes du XIIIe siècle, connus sous le nom de *Minnesingers*;

Mémoire historique sur l'origine des mines d'argent de Ste-Marie-aux-mines;

Anecdotes historiques et littéraires sur la canonisation des saints;

Ignorance des siècles de barbarie : le duel;

Observations sur le goût des anciens Allemands pour le vin;

Observations sur la captivité de Richard d'Angleterre et sur ses chansons, etc.

Grandidier s'occupait en outre de physique, de beaux-arts, de littérature, et faisait des vers.

Cette activité dévorante fut récompensée, et les honneurs ne lui manquèrent pas. Grand-vicaire du diocèse de Boulogne, chanoine de Haguenau, de Neuviller, du grand chœur de Strasbourg, membre comme nous l'avons déjà dit de 21 académies, enfin protonotaire du St-Siége, historiographe du roi de France en Alsace, et libre de se livrer entièrement à des études qu'il aimait avec passion, il eût pu être heureux; l'envie de ses ennemis parmi lesquels il faut compter malheureusement bon nombre de ses collègues, ne le permit pas. Grandidier souffrit beaucoup.

Il est certaines organisations d'élite, qui semblent faites d'une essence plus délicate, plus pure que les autres. Quand elles arrivent au contact de la brutalité, de la grossièreté, de l'injustice des hommes, elles éprouvent d'abord une douloureuse surprise, à laquelle succède bientôt un abattement profond. Grandidier était une de ces âmes exquises.

«Je suis entré très-jeune, écrivait-il, dans la carrière littéraire, à l'âge de 17 ans; à un âge où je ne connaissais pas encore les hommes. — Je me les représentais alors tous bons, justes, honnêtes, reconnaissants; ils m'ont détrompé. — Je regrette de voir mon illusion détruite, mais je ne hais point ceux qui ont cherché à me nuire. Je leur pardonne la calomnie, et je ne sentirai jamais avec amertume que le regret de ne pouvoir leur être utile.»

Autre part, il se dit disciple de «cette philosophie religieuse qui nous fait un devoir d'aimer les hommes sans les craindre, et de vivre avec eux sans les haïr.»

Comment s'empêcher d'aimer l'homme qui parlait ainsi? Mais, s'il pardonna, il ne sut pas résister au souffle glacé de la calomnie et de l'injure : il courba la tête et succomba. On a voulu qu'il mourût empoisonné; depuis longtemps la bonne foi d'historiens consciencieux a fait justice de ce mensonge. «Le poison qui dévore, et qui arrive au même résultat infaillible que le sublimé corrosif, dit M. Spach, dans son éloge de Grandidier, c'est le chagrin; depuis plus de douze ans Grandidier en avait éprouvé les lentes morsures; il avait été blessé à la fois dans son amour propre d'auteur et dans sa susceptibilité d'homme d'église, dont on suspectait la foi.» Il était d'ailleurs épuisé par ses innombrables travaux : les premières rigueurs de l'hiver achevèrent le triste ouvrage de ses désenchantements et de ses fatigues. Il était allé à l'abbaye de Lucelle, pour en consulter la bibliothèque et les archives ; un mal subit, une fièvre inflammatoire le saisit, et il fut enlevé au bout de quatre jours. Il avait 35 ans.[1]

—

29. 1793. — Hérault de Séchelles, en mission dans le département du Haut-Rhin, pour y propager les idées révolutionnaires, remplace l'administration du département par une *commission départementale révolutionnaire*. Il y fait entrer, notamment, d'Aigrefeuille, Larcher et Belin.

Curé d'abord à Cernay, puis à Guebwiller, d'Aigrefeuille (Dagobert), fut le premier prêtre catholique d'Alsace qui renia son Dieu et sa religion. Appelé par Hérault au directoire du département, il en fut nommé président. Mais après la chute de son protecteur on l'écarta de l'administration. Peu à peu cependant il reprit du crédit, et fut conseiller des Hentz et des Goujon dans leurs mesures violentes contre le département du Haut-Rhin. Il occupa ensuite le poste de commissaire du directoire exécutif pour le canton d'Ammerschwihr, et mourut directeur de l'enregistrement et des domaines à Mayence. Quoique très fortement engagé dans le tourbillon politique, d'Aigrefeuille ne négligeait point ses intérêts personnels. Associé au fabricant Pierre Dollfus, il s'adonna à des opérations commerciales, et fut même compromis dans les poursuites que le gouvernement dirigea contre les Mulhousiens.

Nous trouvons le nom du *Révérend d'Aigrefeuille*, curé de Cernay, dans les actes de l'état civil de la ville de Thann, à propos de la fête de la fédération célébrée le 2 octobre 1791, sur les plaines de l'Ochsenfeld, le *Révérendissime Arbogast Marten, premier évêque constitutionnel du Haut-Rhin*, officiant, en présence de 3000 et quelques centaines de gardes nationaux, et d'une très grande affluence de peuple. Après la messe, d'Aigrefeuille prononça en allemand et en français, un discours dans lequel il rappela aux gardes nationaux que la plaine où ils se trouvaient assemblés servait de sépulture à des milliers de victimes du despotisme, et que cette même plaine réunissait maintenant les amis de la liberté, dévoués au maintien des lc[?] à la liberté de la patrie.

Larcher (Jean-Baptiste), était un ancien militaire. Nommé bailli de Bergheim, il devint successivement syndic de la Commission intermédiaire du district de Colmar, membre du conseil général de la commune, procureur-syndic du district, membre de la commission de l'administration départementale. Après le départ de Hérault, il fut placé à l'agence établie à St-Louis pour la surveillance des passe-ports et des exportations. En 1795 il était commissaire du directoire exécutif à Riquewihr; en 1797, juge au tribunal civil de Colmar.

Quant à Belin (Pierre-Joseph) il était enfant de Delle. Voici ses états de service ; administrateur du directoire du district (1792); chargé de remplacer comme procureur-général-syndic Reubell alors député; membre de l'administration départementale; notaire à Delle (février 1795); député au conseil des Cinq-Cents par le corps électoral du Haut-Rhin; commissaire au tribunal correctionnel en 1799 ; président du tribunal de Delémont en 1806; enfin conseiller à la cour impériale de Colmar en 180[?]. Il mourut en fonctions en 1835.

—

30. 1791. — Plusieurs personnes sont mandées à la barre de l'Assemblée du département du Haut-Rhin, pour avoir divulgué avec complaisance la fausse nouvelle de la fuite du roi.

DÉCEMBRE.

1er. 1796. — Mort du général Abbatucci à Huningue.

L'armée du Rhin et de la Moselle, commandée par Moreau, était entrée, après sa fameuse retraite de quarante jours, sur la rive gauche du Rhin, par Kehl et Huningue. La tête de pont de Huningue fut confiée par le général Férino, commandant l'aile droite, au général Abbatucci; l'ennemi avait pour chef le prince Charles de Furstenberg.

Les 3e demi-brigade d'infanterie légère, 56e et 89e d'infanterie de ligne, ainsi qu'un corps de réserve composé de grenadiers tirés de différents corps et commandé par le chef de corps Vignes, furent mis sous les ordres d'Abbatucci. Il commença par réparer cette tête de pont qui était dans le plus mauvais état possible; le chef de génie Poitevin, et les officiers d'artillerie Fornot et Foy (le célèbre général de ce nom, alors capitaine), le secondèrent puissamment dans cette œuvre.

Abbatucci était parvenu à avancer les ouvrages de défense, lorsque le 28 novembre, commencèrent les attaques de l'ennemi. C'est dans la nuit du 10 au 11 frimaire, que le général fut frappé mortellement.

Voici en quels termes le général en chef Moreau rendait compte, au Directoire exécutif, de cette nuit fatale.

«Dans la nuit du 10 au 11 de ce mois, l'ennemi a tenté d'emporter d'assaut la tête du pont d'Huningue. Environ à onze heures du soir, trois colonnes se sont dirigées sur les faces et le saillant de la demi-lune, s'y sont précipitées, ont forcé les barrières et escaladé cet ouvrage, que nos troupes ont été obligées d'abandonner et elles se sont retirées dans l'ouvrage à corne, que l'ennemi a tenté d'emporter sur le champ.

«Le général Abbatucci, qui en défendait la barrière a rendu ses efforts inutiles, et voyant que le feu que l'on faisait à l'ouvrage à corne sur la demi-lune ne pouvait en chasser l'ennemi, qui tentait au contraire de s'y loger, ce brave général s'est déterminé à en sortir pour l'en chasser ce qu'il a exécuté avec un courage au-dessus de tout éloge. Nos braves soldats ont chargé l'ennemi avec une intrépidité dont il y a peu d'exemples et sont parvenus à le déloger de tous les ouvrages, qu'il a laissés couverts de ses morts. La poursuite eût été encore plus meurtrière sans la blessure que reçut le général Abbatucci ; elle est grave, mais on espère qu'elle ne sera pas dangereuse. Le chef de brigade Vignes a également été blessé dans cette affaire meurtrière.

« On a fait à l'ennemi une centaine de prisonniers, mais sa perte en tués ou blessés se monte à 1800 ou 2000 hommes. Sa colonne de gauche a violé le territoire suisse. Notre ambassadeur, fait à cet égard, des réclamations.

« Le général Férino, qui me rend compte de cet événement, fait les plus grands éloges de la bravoure des troupes. Les 3ᵉ d'infanterie légère, 89ᵉ et 56ᵉ demi-brigades de ligne, étaient chargées de la défense de la tête de pont d'Huningue, et s'y relevaient alternativement. Ces trois corps s'étaient déjà distingués dans le cours de la campagne. Le chef de brigade Cassagne, le chef de brigade Morel, le capitaine Foy, de l'artillerie légère et sa compagnie (qui ne pouvant plus faire feu de ses pièces, mettait le feu aux obus, et les roulait dans les fossés remplis d'ennemis), le chef de bataillon du génie Poitevin, l'adjudant Sorbier, et l'aide de camp Abbatucci, se sont particulièrement distingués. Beaucoup d'autres officiers ont également donné de grandes preuves de bravoure. Je vous les ferai connaître dès qu'on m'en aura rendu compte.

« Salut et respect,

« Signé : MOREAU. »

L'espoir qu'on avait conservé pour la guérison d'Abbatucci ne fut pas de longue durée.

« Nous sommes dans les pleurs, mon général, à midi et demi le général Abbatucci est mort de sa blessure », écrivait le lendemain du combat l'adjudant-général Donzelot au général Reynier.

Abbatucci fut enterré à Huningue le 13 frimaire. Le général Moreau lui fit élever un modeste monument à l'endroit même où il avait reçu le coup mortel ; ce monument détruit par les alliés en 1815, a été relevé après 1830, et orné de beaux bas-relief en bronze.

—

1er. 1791. — Arbogast Martin, évêque constitutionnel du Haut-Rhin, demande la convocation du corps électoral pour la nomination aux cures délaissées. Il joint à sa requête l'assurance que le nombre des candidats qui se présentent est plus que suffisant pour remplir les places vacantes.

L'évêque Arbogast Martin était de Walbach, dans la vallée de Munster, et remplissait les fonctions de sous-principal du collége de Colmar, lorsqu'il fut nommé, le 27 mars 1791, à l'évêché du Haut-Rhin, par les électeurs réunis en l'église paroissiale de Colmar. Il fut sacré à Paris, et prit possession, le 16 avril suivant, de son siége épiscopal. Après sa mort, arrivée le 22 juin 1794, et une vacance de deux ans, il fut remplacé par Bertolet de Rougemont, dans une assemblée presbytérale, tenue à Aspach-le-bas, au mois d'avril 1796.

—

3. 1791. — Grand tapage à Ste-Croix-en-plaine. Le curé constitutionnel de Herrlisheim, vaillant chasseur, s'est laissé emporter par son ardeur au-delà des limites de sa commune; son arme meurtrière a exterminé un renard qui s'était blotti dans quelque fourré de la banlieue de Ste-Croix. Des habitants de ce village, témoins du méfait, se mettent à la poursuite du coupable; celui-ci, peu soucieux de rendre ses comptes aux rudes campagnards, joue des jambes. Nouvelle chasse! nouveau gibier! Tout à coup le curé se retourne vers ses persécuteurs, leur expédie le contenu de son fusil; puis il reprend sa course, rencontre une rivière, s'y précipite, arrive à l'autre rive, et va tomber dans la demeure de son collègue de Ste-Croix, non sans s'être laissé gratifier d'un bon coup de hache dans les côtes. En route la boule a fait avalanche, et une foule haletante vient se

briser contre le presbytère, qu'elle ébranle jusque dans ses fondements.

Avertie, la gendarmerie nationale de Colmar se met en route, pour aller prêcher le calme aux mutins; puis, ô comble de sollicitude! elle se loge chez les plus échauffés. Le lendemain trente hommes de cavalerie, accompagnés d'un commissaire les rejoignent pour donner plus de poids à leurs admonestations, et le surlendemain une troupe de volontaires vient prendre de leurs nouvelles. Enfin, tous ces bons apôtres, installés à Ste-Croix, se font bailler, en retour de leurs services, une haute-paye de six sols par jour.

—

4. 1298. — Les troupes de Conrad de Lichtemberg, évêque de Strasbourg, entrent dans les domaines de Thiébaut, comte de Ferrette.

Ce fut là une des suites de la guerre suscitée par Albert d'Autriche contre l'Empereur Adolphe de Nassau. On connaît l'origine et le dénouement tragique de cette lutte. Après la mort de Rodolphe I*er*, Albert, duc d'Autriche, avait vainement brigué la dignité impériale : son avarice, sa hauteur, et surtout la division qui régnait entre les électeurs, écartèrent de sa tête la couronne, qui fut placée sur celle d'Adolphe, comte de Nassau. Albert conçut contre son heureux rival une haine qui ne se démentit jamais. D'ailleurs il ne renonça pas à ses prétentions, et ses sourdes menées aboutirent à une vaste conspiration, dont les électeurs eux-mêmes se déclarèrent les chefs. Réunis à Mayence, ils déposèrent le 23 juin 1298 Adolphe de Nassau. Albert, élevé à la dignité impériale, assembla une armée formidable, marcha contre Adolphe, le défit, et le tua de sa propre main à Gelheim, près de Worms.

Conrad de Lichtemberg n'avait jamais caché sa prédilection pour Albert. Cependant, quand Adolphe fut reconnu empereur, il eut l'air de se soumettre à son autorité; quelque temps après il revint à Albert, et le soutint ouvertement. Adolphe fut obligé de venir en Alsace, en personne, les armes à la main, pour y faire reconnaître ses droits. Plus tard, comme la fortune de ce malheureux empereur semblait chanceler, Conrad se mit contre lui à la tête d'une ligue, composée d'un grand nombre de seigneurs alsaciens. Thiébaut, comte de Ferrette, qu'Adolphe avait élevé à la dignité de grand-bailli d'Alsace, se jeta alors sur les terres de l'évêque de Strasbourg, et y porta de tous côtés, le fer et le feu. Conrad vint lui rendre sa visite, après la mort d'Adolphe de Nassau.

Au préalable, et pour faire bonne guerre, l'évêque de Strasbourg avait eu soin, en équipant ses soldats, de les mettre en garde contre le froid et les frimas; il avait aussi semé leurs rangs de bon nombre de chevaliers, qu'il créa à cet effet, et qu'il pourvut au moins de trois vêtements, savoir : *une riche tunique, un surcole et un vêtement de dessus garnis de vair noble et précieux*. Ces précautions prises, il s'avança vers la Haute-Alsace, emporta Guémar qu'il livra au pillage, prit Ste-Croix qu'il brûla, s'adjoignit un grand renfort des villes impériales, et répandit toutes ses troupes sur les terres du comte de Ferrette. Thiébaut, n'ayant de quoi tenir tête à des forces si redoutables, demanda la paix. Il l'obtint, mais à condition qu'il n'inquiéterait pas dans sa charge, Jean de Lichtemberg, son successeur comme landvogt d'Alsace, et qu'il donnerait sa fille Herzlande, en mariage à Othon d'Ochsenstein.

—

6. 1793. — Célébration de la fête de la Raison à Colmar.

On avait préparé la cathédrale à cette solennité depuis le 6 novembre. Pour ce, maître-autel, autels latéraux, chaire, fonds baptismaux, bénitiers, troncs, avaient volé en éclats, ainsi que les douze apôtres en pierre qui stationnaient à l'entour du chœur; les bancs, les chaises, les grilles du chœur avaient été déménagés. Après avoir ainsi déblayé l'intérieur du monument de tous les vestiges du *fanatisme*, les adeptes du nouveau culte, se sentant aussi forts que Dieu, voulurent faire comme Lui, et de leurs mains créatrices sortit une montagne qui ferma le chœur et s'éleva jusqu'à la hauteur des grandes fenêtres. Voici comment ils s'y prirent : sur quelques planches tant bien que mal ajustées, et dont l'assemblage allait en s'amincissant, formant un cône, furent étendus de larges tapis verts, dans leurs déchirures on ficha quelques grêles sapins, à la cime desquels rayonnait l'effigie de Voltaire et de Rousseau.

A l'heure convenue, un long cortége se mit en mouvement, parcourut la ville et se présenta devant la grande porte de la cathédrale, qui lui fut ouverte. Au-dessus de cette porte se lisait, dans les deux langues, ces mots : «Temple de la Raison.» Les gardes nationaux marchaient en tête du cortége ; après eux cheminaient, toutes de blanc vêtues, la chevelure flottante, une couronne verte sur la tête, et un bouquet à la main, cinq cents jeunes femmes. Arrivé à cette partie de son récit, le malin chroniqueur, auquel nous empruntons quelques uns de ces détails, ajoute : «Je prie le lecteur de ne pas me faire jurer qu'elles étaient toutes de pures jeunes filles, comme on les désigne.» Le département, le district et la municipalité fermaient le cortége. Quand tout ce monde fut installé dans l'enceinte, on récita une oraison en français et en allemand.

—

9. 1343. — L'empereur Louis V signe, à Ulm, un rescrit qui déboute Henri de Rappoltstein, seigneur du Hohenack, de ses prétentions à l'advocatie de l'abbaye de Paris, et met les droits et priviléges de cette maison sous la protection des villes de Strasbourg et de Colmar.

Dans le chaos qui présida à l'enfantement des vieux peuples de l'Europe actuelle, les églises et les monastères, livrés à leur faiblesse au milieu des invasions, des troubles, des désordres qui remplissent les premières pages de nos histoires, durent chercher aide et protection, auprès des seigneurs les plus puissants de leur voisinage. Le guerrier assez complaisant pour prêter ainsi son bras et son épée à la défense d'un couvent, prenait le titre d'avoué, *advocatus* ; sa sollicitude pour les intérêts de ses protégés allait même jusqu'à rendre la justice à leurs vassaux. Etait-ce pur désintéressement ? Le cri de détresse que firent pousser aux moines de Pairis les offres et les prétentions du rude châtelain du Hohenack, nous permettrait d'en douter, si nous ne savions déjà, qu'en recourant à un *advocatus*, les monastères se donnaient très souvent un maître, un tyran, qui finissait par absorber, en grande partie, si ce n'est en entier, leurs biens et leurs richesses. Charlemagne, en réglant la rétribution des avoués, leur avait assigné : le tiers des émoluments de la justice qu'ils rendaient, des peines toujours pécuniaires qu'ils prononçaient, des contributions qu'ils exigeaient en temps de guerre. Mais ces rugueux soudards, qui sans doute n'étaient pas bacheliers, façonnaient à leur manière les règles de la logique : ils pensaient, contrairement à la règle adoptée aujourd'hui, que : *qui dit le moins, dit le plus*. Aussi prenaient-ils et tant et plus, jusqu'à ce qu'il ne restât plus rien.

En 1343, l'abbé de Pairis était Jean de Hattstatt, qui devint plus tard secrétaire et conseiller de l'empereur Charles IV. Ce fut sous son successeur, Nicolas de Schweighusen, que commença la décadence de l'abbaye de Pairis. Cette maison, fondée en 1138, par Ulrich ou Udalrich, petit-fils de Gérard d'Alsace, et dernier comte d'Eguisheim, était arrivée à un degré de prospérité qui l'égalait aux abbayes de Munster et de Murbach : d'après une bulle du pape Lucius III, recueillie par Hugon (S. Antiquit. Monum., t. II, p. 283) on comptait déjà en 1184, dix-sept localités de l'Alsace supérieure, où elle avait des droits et des revenus.

Mais elle fut pillée en 1356 par les Anglais, et en 1444 par les Armagnacs. En 1453, elle perdit son titre d'abbaye et devint un prieuré dépendant du couvent de Maulbronn, dans le Wurtemberg. Réduite en cendres vers la fin du XVme siècle, elle fut rebâtie par le cardinal André d'Autriche, qui avait reçu de Pie V, Maulbronn en commende.

Pendant la guerre de trente ans, le général Horn la donna en fief (1632), à George Wetzel de Marsilly. Celui-ci en chassa les religieux, qui y furent rappelés lorsque Louis XIII rendit le monastère à l'ordre de Citeaux. La Révolution lui fit le même sort qu'aux autres couvents du pays.

L'abbaye de Pairis s'élevait au fond du val d'Orbey. Les murs qui en sont restés servent aujourd'hui d'hôpital.

---

12. 1632. — La ville de Schlestadt se rend aux Suédois, après trois semaines de siége. Commandée par Jean-Georges Brutenbach et Augustin d'Ange, qui n'avaient sous leurs ordres que 600 fantassins et un faible corps de cavalerie, cette cité s'était vaillamment défendue. Les boulets ennemis avaient dentelé partout les murailles, la mine avait fait sauter de tous côtés les remparts ; il lui eût été impossible de résister plus longtemps.

La garnison obtint de sortir avec armes et bagages ; la ville conserva ses libertés et ses priviléges, mais fut frappée d'une contribution de guerre de 20,000 rixdalers.

Ce fut pendant le siége de Schlestadt que la nouvelle de la mort de Gustave Adolphe, tué à la sanglante bataille de Lutzen, le 16 novembre, parvint aux armées suédoises répandues en Alsace.

---

13. 720. — Mort de Sainte-Odile. Elle naquit à Obernai, vers l'an 660, aux pieds de la roche superbe, qui a hérité de son nom et de ses cendres. Fille d'Alaric, elle était de cette illustre famille des ducs d'Alsace, qui fut la souche des plus nobles maisons d'Europe, puisque les Habsbourg et la troisième dynastie des rois de France en sortirent.

La chapelle de Sainte-Odile a toujours été l'un des pèlerinages les plus fréquentés d'Alsace. De tous les hommes qui vinrent y déposer pour quelques instants leur bâton de pèlerin, le plus grand, peut-être, fut Charlemagne. Après lui vinrent successivement Louis-le-Débonnaire, l'impératrice Richarde, l'empereur Henri II, le pape Léon IX, Frédéric Barberousse, Richard Cœur-de-Lion, Sybile d'Apulie, veuve de Tancrède, roi de Sicile, l'empereur Charles IV, Christian I•, roi de Danemarck, etc., etc. A côté de ces souverains, on pourrait citer encore bien d'autres figures augustes par leur génie, ou par le r sainteté, ou par leur valeur sur les champs de bataille.

—

14. 1336. — Charte délivrée par le Schultheiss, le bourgmestre et le sénat de Colmar, à Jean Senn, baron de Munsingen, évêque de Bâle, avec promesse de permettre la publication, et même de veiller à l'exécution de tous ses mandements, et des arrêts et ordres de ses représentants. D'un autre côté il est établi que l'évêque ou ses officiers renverront devant qui de droit, toutes les causes qui ne seront pas de leur compétence, malgré l'opposition qu'y pourraient faire les plaideurs.

—

17. 1680. — Les bonnes gens d'Alsace aperçurent avec effroi une comète d'une longueur prodigieuse. Ils y virent l'annonce de grandes calamités.

—

18. 1661. — Les représentants des dix villes libres d'Alsace se présentent à Haguenau, où ils ont été appelés pour renouveler leurs actes de reconnaissance, d'obéissance et de fidélité à Louis XIV.

—

18. 1734. — Grandes inondations en Alsace. A cette époque tout l'Europe eut à souffrir du débordement des eaux.

—

20. 1653. — Siége de Belfort par le maréchal de la Ferté.

Gaspard de Champagne, comte de la Suze, que Louis XIV avait nommé, en 1636, gouverneur de Belfort, s'était jeté, lors des troubles de la Fronde, dans le parti des mécontents. Il pensait se créer une petite souveraineté de la ville qu'il commandait, et de ses environs. Le maréchal de la Ferté fut envoyé pour mettre à la raison l'ambitieux Frondeur. Cependant la ville ne se rendit qu'au mois de février de l'année suivante.

C'était sans doute un vaillant soldat que le comte de la Suze; mais la célébrité qui s'est attachée à son nom lui est moins venue de sa bravoure, que des aventures galantes de sa romanesque épouse. Dame Henriette de Coligny, comtesse de la Suze, était une précieuse de si belle eau, que Mlle de Scudéri ne dédaigna pas, dit-on, de la peindre dans sa ridicule *Clélie*. Mais non, contente de sacrifier aux Muses, la noble comtesse traduisait, dans la vie pratique, ses langoureux roucoulements, par toutes sortes de caprices, dont la nature particulière contrariait fort son mari. Appelé à ramener la paix au ménage, le Parlement de Paris n'y vint à bout qu'en autorisant l'ange du foyer à s'envoler pour de bon. Gaspard de Champagne en fit d'abord une mine assez piteuse; mais, à la vue des 25,000 beaux écus sonnants que lui compta la belle infidèle, il consentit à se désister de son opposition. Et chacun s'en fut de son côté.

Par excès de prudence, et, comme le dit la reine Christine de Suède, *pour ne plus se trouver avec son mari, ni dans ce monde, ni dans l'autre,* la comtesse changea de religion. Quant à son mari, il mourut à Montbéliard. On voyait, avant la Révolution, son tombeau de marbre dans l'église de Maimbœuf de cette ville.

---

19. 1530. — Démolition du couvent de St-Arbogast à Strasbourg. Le prévôt de cette maison, George Ebel, étant mort, le magistrat donna à chacun des trois chanoines réguliers qui y restèrent, une pension viagère de 60 florins. Le surplus des revenus fut adjugé à la ville.

19. 1632. — Révolte des bourgeois de Colmar contre le commandant Vernier, et reddition de la place aux Suédois.

Dès le 15 novembre, les premiers Suédois avaient paru devant Colmar; le 19 du même mois, Vernier qui défendait la ville, avait repoussé la sommation que lui avait faite de se rendre le rheingrave Othon. Cependant les succès de l'ennemi dans la Basse-Alsace, la perspective d'un siége poussé avec vigueur, de la famine avec toutes ses horreurs, de l'hiver avec toutes ses rigueurs, avaient peu à peu refroidi l'enthousiasme guerrier de la population. De plus, une défiance réciproque ne tarda pas à séparer les bourgeois des soldats, et dégénéra bientôt en une haine sauvage qui n'attendait qu'une occasion propice pour éclater. Déjà le magistrat avait posé aux corps des métiers la question de la capitulation; beaucoup s'en étaient montrés partisans. Vernier qui n'avait pas été appelé à la délibération, mais qui voyait avec inquiétude les dispositions des Colmariens, exigea les clefs de la ville, demanda qu'on remit la garde des bastions à ses soldats et voulut détruire aux alentours de la place tout ce dont les Suédois pourraient tirer avantage. Le magistrat s'opposa à ces mesures.

S'étant rendu maître de Schlestadt, le général Horn jeta le gros de ses troupes sur Colmar et vint lui-même s'établir à Horbourg. Nouvelle sommation à Vernier; nouveau refus de se rendre. Horn brûle le moulin de St-Guy, le seul qui restât aux assiégés, et fait avancer ses soldats à travers les vignes, plus près de la ville. Epouvanté, le magistrat de Colmar envoie à la hâte le bourgeois Emmanuel Rœttlin, demander aux Suédois une suspension d'armes : Horn ne veut rien entendre. On va lui envoyer de nouveaux députés, lorsque Vernier se présente au Conseil, lui reproche son peu de patriotisme, et parvient à empêcher toute nouvelle démarche auprès de Horn.

La nuit suivante, du 18 au 19 décembre, les Suédois entourent la ville de tranchées. La terreur de la population est à son comble. Dès le point du jour, le conseil se réunit au Wagkeller; Vernier y accourt et sa présence soulève une tempête de réclamations et de reproches Au dehors, le bruit se répand que le commandant a donné l'ordre de massacrer tous les bourgeois; mille cris séditieux s'élèvent contre lui. A midi, le tambour bat pour appeler les soldats sur leur place de ralliement. Le peuple affolé se précipite dans les rues, le tocsin sonne, on massacre vingt soldats, on en blesse une centaine, on enferme le reste dans les tribus, le logement de Vernier est pillé, lui-même est gardé à vue au Wagkeller; deux drapeaux blancs flottent, l'un sur la tour de l'église, l'autre sur le rempart. Tout ce tumulte dure deux heures, au bout desquelles deux officiers suédois entrent en ville, tandis que les bourgeois Dürninger et Haffner vont au nom des Colmariens se soumettre au général Horn.

20. 1632. — Gustave Horn fait son entrée à Colmar. Le général suédois alla loger à l'hôtel des six Montagnes noires.

Cette demeure dont le haut et large pignon domine encore aujourd'hui l'entrée du faubourg de Bâle n'est pas la moins curieuse des maisons de Colmar, grâces aux souvenirs historiques qui s'y rattachent. Après Horn, Turenne y descendit, le lendemain de la bataille de Turckheim, en 1675; plus tard, la sœur de Frédéric-le-Grand, la margrave de Bayreuth, de passage à Colmar, y invita Voltaire à souper le 23 octobre 1754; Hérault de Séchelles, pendant la révolution, l'archiduc Jean d'Autriche; Nicolas de Russie, depuis empereur, et Lord Wellington, lors des invasions de 1814 et de 1815; en 1819 la reine d'Angleterre, y séjournèrent successivement.

Quand Horn fut installé, quelques bourgeois protestants vinrent en cortége, deux à deux, le haranguer et lui offrir les deux drapeaux enlevés à la garnison pendant les troubles de la veille. Jean-Jacques Rapp prit la parole en leur nom, présenta des vœux de bienvenue au général et lui demanda son appui. Horn le leur promit, les remercia, et fit immédiatement arborer les deux drapeaux aux fenêtres de son logement. Il prit ensuite des dispositions en harmonie avec le nouvel état de choses, destitua le magistrat et fit rentrer dans le conseil ceux qui en faisaient partie avant la guerre, à l'exception des officiers qui s'étaient réfugiés à Bâle, car on les soupçonnait d'incliner au calvinisme.

Vernier fut remis en liberté, et se retira en France (il fut nommé colonel d'un régiment français) avec quelques-uns de ses soldats; les autres prirent service parmi les Suédois. Ils étaient tous des environs de Belfort et parlaient le patois de ce pays.

Deux ou trois jours après, le temple protestant fut rouvert. Le docteur Jean Schmidt fut appelé de Strasbourg pour prononcer le sermon d'inauguration.

Les détails du siège et de la capitulation de Colmar nous ont été conservés par trois documents contemporains : 1. le journal de Jean-Jacques Rapp, écrit du 16 novembre au 31 décembre 1632 ; 2. l'enquête faite cinq années après par le magistrat sur la révolte du 19 décembre, et 3. l'apologie de Colmar, par Balthasar Schneider, syndic de la ville, ouvrage imprimé en 1645.

20. 1562. — Entrée de Ferdinand Ier à Colmar.

Longtemps avant l'heure à laquelle devait arriver l'empereur, seigneurs et soldats, bourgeois et manants se pressaient aux abords de la porte de Colmar. Quand il parut, ce fut une immense clameur de joie. Le prince poussa son cheval sous un dais de pourpre que portaient les premiers notables de la ville, et le cortége se mit en branle pour aller chanter un Te Deum à l'église St-Martin. Des officiers, des dignitaires de tout rang, cheminaient devant et derrière l'empereur.

«L'un portait son grand sabre»
et les insignes de l'Empire. C'était le maréchal de la cour; il marchait devant le dais.

Après la cérémonie religieuse, Ferdinand, précédé de coureurs, s'en alla pédestrement loger à la commanderie de St-Jean.

Le lendemain, le conseil de la ville offrit au souverain différents dons, entre autres cent *Viertel* d'avoine, du vin, des poissons, deux bœufs et de l'argent. Sa Majesté accepta sans dissimuler sa joie et, de contentement, serra la main de tous les membres du magistrat. Puis Ferdinand se rendit à Brisach.

---

20. 1740. — Irruption des eaux du lac du Ballon.
Depuis trois semaines, la pluie n'avait cessé de tomber. De tous côtés des bacs avaient été enlevés, des ponts détruits par l'eau des montagnes, et l'on se demandait avec effroi si Dieu avait résolu un nouveau déluge. Le 20 décembre au soir, neuf heures venaient de sonner à la vieille tour de l'église de Guebwiller; les ténèbres couvraient la vallée dont les habitants s'apprêtaient à chercher dans le sommeil l'oubli de leurs maux, quand tout à coup un craquement formidable retentit dans les airs : les eaux du lac du Ballon avaient rompu leurs digues.

Les flots se pressent au dehors, se précipitent avec une rapidité effrayante au bas de la montagne, dont ils rasent les flancs, emportant pêle-mêle, arbres, rochers, maisons, dans leur course furieuse. Avertis par le bruit, qui, semblable aux roulements sinistres du tonnerre, grossit de tous les échos de la vallée et s'approcha de seconde en seconde, les gens de Guebwiller et des villages voisins courent, en tâtonnant dans les ténèbres, sur les coteaux opposés : la terre frémit sous leurs pas, l'air est ébranlé. Le torrent tombe sur Bühl, emporte cinq maisons et cinq granges sans en laisser le moindre vestige, épargne Guebwiller, fond sur Issenheim, où il commet les plus affreux dégâts, et se répand dans la plaine qu'il inonde de ses eaux.

Le lendemain, à son lever, le soleil éclaira un spectacle navrant. Au tumulte de la nuit avait succédé un calme plein d'horreur; les eaux ne s'étaient pas encore retirées, mais les campagnes étaient dévastées et hérissées de ruines de tout genre. Une quantité d'arbres déracinés et emportés par la violence des eaux étaient étendus épars dans les plaines, les couvrant de leurs troncs brisés et de leurs branches fracassées; d'énormes quartiers de roc, précipités du haut des monts, jonchaient la terre et marquaient la route que s'était frayée les ondes.

Il fallut bien du temps au pays pour réparer les désastres de cette horrible nuit.

---

20. 1738. — Extrait d'un manuscrit inédit : «Dieu nous a fait voir un feu immense dans le ciel, le 20 décembre 1738. Il était sept heures du matin; une grande partie de la population avait été à la première messe, car c'était le jour de la St-Thomas; cependant ceux qui étaient encore à l'église en ce moment, virent la clarté que projeta ce phénomène. Tout le jour on ne parla que de ce feu; il parut dans tous les pays connus, mais surtout en Alsace. Il dura le temps de dire un Ave Maria.»

---

24. 1795. — Passage à Huningue de Marie-Thérèse-Charlotte de France, fille de Louis XVI.

Louis XVI, sa femme, son fils, sa sœur, avaient expié, par leur mort, les fautes et les faiblesses de leurs pères. Il ne restait plus dans les prisons du Temple qu'un membre de cette famille infortunée, Marie-Thérèse-Charlotte, fille du Roi. Mais le peuple commençait à être las de sang et de meurtres, et un sentiment général de commisération s'éleva en faveur de la malheureuse princesse. Des pétitions furent adressées aux maîtres du jour, et le Directoire résolut de mettre à exécution un projet qui d'ailleurs était émané de la Convention, celui d'échanger la fille de Louis XVI contre les conventionnels Lamarque, Camus, Quinette, Bancal, l'ex-ministre Beurnonville, livrés aux Autrichiens par Dumouriez; contre le député Drouet, fils du maître de poste de Ste-Menehould, fait prisonnier à l'armée du Nord; enfin contre Hugues Maret, et Charles-Louis de Sémonville, arrêtés par les Impériaux.

Quand les négociations ouvertes à cet effet, avec l'Autriche, furent terminées, on rendit la liberté à l'orpheline. Pour accomplir cet acte d'humanité, on emprunta à la nuit ses ombres mystérieuses, car, souvent dans les temps de révolution et de troubles populaires, il faut se cacher pour faire le bien. Le 19 décembre, à 11 heures et demie, le ministre de l'intérieur Bénezech, s'introduisit discrètement dans la noire prison du Temple; il en sortit un moment après avec la pauvre jeune fille. Une voiture les attendait à quelque distance; ils y montèrent avec Gomin, gardien de la princesse. Au boulevard de la porte Saint-Martin stationnait une berline de voyage tout attelée; c'est elle qui devait mener Mademoiselle aux frontières de la France. La princesse, après avoir remercié le ministre de ses attentions, s'y jeta; Mme la marquise de Soucy, sous-gouvernante des enfants de France, et les sieurs Gomin et Méchain, officiers de gendarmerie, l'accompagnèrent. Un courrier précédait la caravane, qui ne cessa d'être entourée du plus strict incognito; Mademoiselle se faisait appeler du nom de Sophie.

On arriva sans encombre à Huningue, dans la nuit du 24 au 25. La princesse descendit à l'auberge du Corbeau, où elle passa trente-six heures. Une foule de curieux, accourus de tous côtés, encombrait les rues, et telle était l'affluence, que les autorités, craignant une surprise, firent fermer les portes de la ville.

M. Bacher, premier secrétaire de l'ambassade de France en Suisse, et commissaire nommé à cette fin, vint prendre la fille de Louis XVI. Voyant approcher le moment du départ, le maître de l'hôtel du Corbeau monta dans la chambre de la princesse, et s'étant jeté à ses genoux, lui demanda sa bénédiction. Elle lui donna sa main à baiser; puis monta en voiture tout en larmes et en disant: «Je quitte la France avec regret, je ne cesserai jamais de la regarder comme ma patrie.»

Le prince de Gavre, chambellan de l'archiduc Charles, envoyé de Vienne pour recevoir l'exilée au nom de l'Empereur, et le baron de Degelmann, ministre de la cour d'Autriche en Suisse, l'attendaient dans une maison de campagne appartenant à M. Reber, riche négociant de Bâle, et située près de la porte Saint-Jean de cette ville. M. Bacher leur remit Mademoiselle après avoir constaté son identité. Il était neuf heures du soir. Une neige abondante tombait du ciel et couvrait la route; malgré cela une foule immense entourait l'équipage de la princesse; un détachement d'infanterie et un peloton de dragons lui formaient une escorte d'honneur. A Bâle, toute la population se précipita sur son passage, et fit une double haie avec des torches et des lumières jusqu'à la sortie du faubourg de St-Alban. Mademoiselle alla coucher à Lauffenbourg où elle arriva fort tard. Le lendemain elle fit dire une messe pour le repos de ses parents : ce fut le premier usage qu'elle fit de sa liberté. Quant à Lamarque et à ses compagnons, un coup de canon tiré au moment du départ de la princesse, leur annonça leur délivrance; ils crièrent: vive la République! et allèrent joyeusement s'attabler dans un hôtel de Bâle.

—

24. 1294. — L'empereur Adolphe de Nassau entre en vainqueur à Colmar.

Conrad de Lichtemberg, évêque de Strasbourg, s'étant déclaré contre Adolphe de Nassau en faveur d'Albert d'Autriche, Gauthier Rœsselmann prit part à la révolte, et y engagea, de gré ou de force, les habitants de Colmar dont il était le prévôt. Adolphe vint et ravagea les terres de ses ennemis.

Le mécontentement des Colmariens affamés contre Rœsselmann, mécontentement qui se traduisit par un soulèvement, ouvrit à l'empereur les portes de la ville après un siége de plus de six semaines.

—

24. 1813. — Combat de Sainte-Croix-en-Plaine.
L'Europe coalisée avait rejeté Napoléon et ses armées sur le sol français. Elle l'y suivit.

Le 21 décembre 1813, au matin, les troupes du prince de Schwartzemberg passèrent le Rhin, sur le pont de Bâle. Le corps de volontaires de Scheibler s'avança le même jour jusqu'à Mulhouse ; le lendemain il avait dépassé Ensisheim. Ce corps comprenait environ 2000 hommes de cavalerie légère ; c'était la lie, le rebut des armées alliées. Le 23, il était à Ste-Croix ; dans l'après-midi Scheibler lança 100 hommes dans la ville de Colmar ; le reste de ses soldats s'échelonna sur la route qui y mène. Boire et manger, tuer deux pauvres enfants, mettre la main sur quelques fourgons à moitié pleins de poudre, réquisitionner des vivres : tels furent les exploits des 100 beaux seigneurs chargés d'annoncer la bonne nouvelle à Colmar. Avec cet accent hautain et gros de menaces, qu'affecte volontiers le vainqueur brutal en face des populations désarmées, ils fixèrent l'heure, à laquelle les vivres devaient être livrés, à la porte de Bâle. L'heure vint, les vivres étaient prêts ; les soldats ne l'étaient pas moins à s'en saisir. Tout à coup, entrent au galop, par la porte de Brisach, deux régiments de dragons français, qui se répandent dans les rues, cherchant l'ennemi. Quand ils arrivèrent à la porte de Bâle, les alliés avaient disparu comme par enchantement.

Ils couraient au pillage, et rencontrant la guerre, ils s'étaient eclipsés, eux, tout à l'heure si fiers, si pleins de bravoure !

Ces premiers dragons furent suivis des autres régiments de la division du comte Milhaud, qui arrivèrent le lendemain. De son côté, l'ennemi pensa le moment venu de déployer sa valeur, et Scheibler fit avancer toute sa petite armée sur la route de Colmar. Les Français avaient établi à un quart de lieue de la ville un avant-poste de 25 hommes commandé par un officier. A onze heures du matin, ceux-ci aperçurent l'avant-garde ennemie, forte de 300 cavaliers.

Ils étaient vingt-six contre trois cents ! «Partie égale» pensèrent fièrement les premiers, et calmes, intrépides, ils attendirent l'attaque.

Alors s'engagea une de ces luttes, comme il s'en lit

dans les épopées antiques, et qui sembleraient incroyables si, témoins éternellement vivants, les rapports officiels ne venaient en témoigner avec la précision mathématique et la brutale éloquence de leurs chiffres.

Au bout d'une demi-heure, les Français étaient encore tous là, debout et terribles, à l'exception d'un seul, étendu mort à leurs pieds. Les blessés continuaient la lutte avec ce qui leur restait de forces, de sang, de membres. Aucun de leurs coups n'avait manqué, de grands vides éclaircissaient les rangs des alliés.

Vers onze heures et demie, vinrent 26 nouveaux hommes, qui avaient mission de relever les premiers. Les voyant aux prises avec l'ennemi ils se joignirent à eux, et bientôt les trois cents étrangers, ou plutôt ceux qui en restaient, reculèrent devant cette poignée de héros, et rebroussèrent chemin.

Cependant le gros des troupes approchait, et allait écraser, de sa masse, nos braves, quand soudain arrivèrent, hâletants, les dragons de Milhaud. Le choc fut terrible, ce fut un éclair, un coup de foudre! Et après..., après..., trois cents alliés avaient mordu la poussière, le reste fuyait à brides abattues.

La conformation du sol n'avait permis qu'à trois cents Français de donner... La déroute des ennemis fut complète.

Ils fuyaient, débandés, éperdus, se sentant poursuivis par la mort; et les lourds dragons français leur couraient sus, sinistres et sans merci, sabrant, pourfendant, hachant les uns, broyant les autres sous le sabot de leurs chevaux...

A Ste-Croix fut frappé à mort et garotté, le chef des cosaques. Sur la route de Meyenheim, furent repris les dix-huit fourgons de poudre, que les ennemis s'étaient annexés la veille.

Enfin, près du pont de Meyenheim, le clairon sonna le retour, et nos dragons reprirent le chemin de Colmar, confiant la garde de Ste-Croix à quelques-uns de leurs frères d'armes.

Ce combat, le premier en rase campagne, qui fut livré aux alliés sur le sol français, leur coûta 900 hommes, y compris les prisonniers et les blessés. La plupart de ces derniers moururent. Il ne périt que trois Français; il n'en fut blessé que trente et quelques ; encore n'y en eut-il parmi eux que dix-sept qui allèrent se faire panser à l'hôpital, le reste se soigna lui-même.

Le colonel des cosaques ne survécut pas à sa blessure; il fut enterré à Colmar, avec tous les honneurs militaires. Scheibler fut blessé lui-même. On n'a plus entendu parler depuis de son corps, qui sans doute ne fut plus réorganisé.

JANVIER.

1er. 1822. — *Conspiration de Belfort.*

La violence et l'injustice des rigueurs dont le gouvernement des Bourbons entacha les premières années de la Restauration, avaient jeté un grand mécontentement parmi le peuple. Aussi le carbonarisme, vaste société secrète, qui s'était donné pour mission de renverser les rois et leurs trônes, n'eut-il pas de peine à s'insinuer sur le sol français. Après avoir inondé la France de brochures, de pamphlets, de protestations écrites, on en vint aux conspirations. Déjà au mois d'août 1820, il en avait été découverte une dans le sein même de la garde royale. Les conjurés résolurent de faire un nouvel essai, dont Belfort devait être le théâtre.

Ce coup de main devait être exécuté par le 29e régiment de ligne, en garnison à Belfort, Brisach, Ensisheim; les députés Lafayette, Dupont (de l'Eure), Voyer-d'Argenson, Jacques Kœchlin et de Corcelles, qui en attendaient le succès dans les environs de la place, devaient faire écho au premier cri de liberté jeté du haut des murailles de Belfort.

Mais ce complot qui devait éclater dans la nuit du 1er au 2 janvier 1822 échoua, grâce à la maladresse de l'adjudant Tellier. Cet officier donna, au dernier moment, des ordres et des instructions à deux soldats qui n'étaient pas dans le secret de la conjuration et qui n'eurent rien de plus pressé que d'aller rapporter les paroles de Tellier à leur colonel.

Cette affaire dans laquelle aucun des députés que nous avons nommés, ne fut compromis, parut au mois de juillet 1822, devant la cour d'assises de Colmar, qui ne donna pas dans la circonstance des preuves d'une grande sévérité.

5. 1496. — Bulle du pape Alexandre VI ordonnant

la sécularisation de l'abbaye de Saint-Pierre-et-Saint-Paul, à Neuwiller.

C'était jadis une riche et puissante abbaye que Saint-Pierre-et-Saint-Paul de Neuwiller. Aujourd'hui elle n'est plus: la sécularisation qui suivit le relâchement et l'oubli des vertus primitives, lui porta le premier coup; la Réforme, le second; la guerre de trente ans continua l'œuvre de destruction, quatre-vingt-treize l'acheva. Mais ici, comme partout où ils passèrent, les moines du moyen-âge ont laissé des traces de leur activité : le bourg de Neuwiller leur doit son origine; l'Alsace, deux remarquables monuments d'architecture.

L'abbaye remontait aux premières années du VIIIe siècle. Elle eut pour fondateur St-Sigebault, évêque de Metz, et, pour premier abbé, Saint-Pirmin. Mais aussitôt édifiée, la maison sainte fut détruite par les flammes d'un incendie. Drogon, évêque de Metz, la releva de ses ruines en 816 et commit à la garde de ses moines les cendres de Saint Adelphe, l'un de ses prédécesseurs ; ces reliques devaient attirer une grande foule, et faire de Neuwiller un des pélerinages les plus fréquentés de l'Alsace et du pays messin, au moyen-âge. Dès lors commença pour l'abbaye une période de paix et de douce sérénité qui ne fut pas sans grandeur; temps heureux, temps bénis, où les pèlerins accourus pour s'agenouiller sur la tombe de St-Adelphe, voyaient errer comme des ombres, à travers les prairies du vallon ou sous les silencieux ombrages de la montagne, les bénédictins de Neuwiller, graves, pensifs, recueillant pieusement les saintes inspirations qui leur venaient du ciel. Au milieu d'eux vivait l'abbé Ratramne, le *moine de Corbie*: c'était un homme d'un vaste savoir, et de plus, un grand écrivain. Tout en composant ses traités sur l'*Eucharistie*, sur *la nature de l'âme et la prédestination*, sur *la Virginité de Marie*, enfin son *traité contre les Grecs*, il communiquait à ses frères en Dieu son amour pour les sciences, son ardeur pour l'étude. L'influence de ce génie bienfaisant ne s'arrêta pas à la porte de l'abbaye, elle se répandit dans tout le pays; elle ne s'éteignit pas avec la vie du moine, mais s'étendit bien au-delà, de génération en génération.

Cependant l'affluence des pèlerins augmentait tous les jours ; les bénédictins songèrent à élever un nouvel abri aux cendres de St-Adelphe. Ils bâtirent à quelque distance de l'abbaye une église et y portèrent les reliques du saint, les confiant à quelques chanoines pris dans leur sein : telle fut l'origine de la collégiale de St-Adelphe.

La bulle de sécularisation réunit en une seule collégiale les moines de Saint-Pierre-et-Saint-Paul, et les chanoines de St-Adelphe. Cette collégiale fut placée sous la direction d'un prévôt ; elle devait comprendre un doyen, un chantre, un custode, un écolâtre et dix-huit chanoines ; six bénéficiers ou vicaires, pris dans le clergé séculier, devaient remplir les fonctions du saint ministère. La sécularisation fut accordée par le pape Alexandre VI, sur la requête de l'évêque de Strasbourg, de l'abbé de Saint-Pierre-et-Saint-Paul et des chanoines de St-Adelphe.

En 1562, les protestants s'emparèrent de la nef de St-Adelphe.

Pendant la guerre de trente ans, les Suédois ravagèrent les deux églises. Après avoir violé la maison de prière, ces nobles champions de la liberté religieuse violèrent la mort. Ils brisèrent la pierre des sépulcres, et secouant les squelettes qui dormaient dans leurs longs suaires ils leur arrachèrent les ornements dont la piété de leurs frères s'était plu à les parer.

La grande Révolution supprima la collégiale.

De toute cette histoire, Neuwiller a hérité deux belles églises. Au-dessus de Saint-Pierre-et-Saint-Paul montent deux tours : l'une byzantine, simple, grave, comme recueillie dans ses souvenirs, semble rêver aux temps passés ; l'autre, du dix-huitième siècle, s'épanouit au soleil avec l'agaçante insolence d'un minois Pompadour ; elle a l'air de narguer la tristesse de sa sœur aînée, avec ce dédain que déjà les majestueuses perruques du grand siècle professaient pour les flèches gothiques et les baies romanes de nos vieilles cathédrales. La porte d'honneur s'ouvre dans cette dernière tour, qu'une longue nef, d'abord gothique, puis semi-ogivale et semi-byzantine, relie à l'autre; au-dessous et autour de celle-ci se groupent le transept, le chœur, les chapelles adjacentes, le tout accusant la transition du roman au gothique. Enfin derrière et contre le chœur se presse une chapelle romane du X° ou du XI° siècle, à deux étages, avec trois absides en cul-de-four. Ainsi toutes les époques architecturales ont laissé leur empreinte sur ce monument, et le voyageur qui s'avance dans l'enceinte sacrée, remonte le cours des âges; chaque pas l'introduit dans un monde nouveau, chaque fois que son pied fait résonner une dalle, c'est la voix d'un autre siècle qui gémit.

St-Adelphe est un bel édifice roman, dont la façade, ouverte par une porte à plein-cintre, est ornée d'une rosace à douze lobes et flanquée de deux tourelles circulaires. Une tour carrée s'élève au point où se rencontrent la nef et le transept.

Voilà ce qui reste de l'abbaye et de la collégiale de Neuviller. Les hommes passent; le plus souvent les demeures qui ont abrité leurs joies et leurs douleurs subsistent longtemps après eux. Mais quand leur heure à elles est arrivée, c'est sans retour; la nature se hâte de cacher leurs ruines sous sans feuillage, sous son lierre funèbre, tant elle semble en avoir horreur; tandis qu'il reste toujours à l'homme l'espoir de se survivre à lui-même dans les pages où il a écrit son âme et sa pensée, surtout depuis que l'invention du vieux Gutemberg les a dotés d'un brevet d'immortalité. Malheureusement cet espoir a trahi les bénédictins de Neuviller : de tous leurs écrits, on n'a plus aujourd'hui qu'une douzaine de livres de chœur du XIV° siècle, contenant des poésies en l'honneur de St-Adelphe.

6. 1299. — Jean de Lichtemberg, landvogt d'Alsace, et neveu de l'évêque de Strasbourg, vient visiter la ville de Colmar, en compagnie de son épouse, Adelaïde de Werdenberg, et de plusieurs dames.

L'origine de la famille de Lichtemberg se perd dans la nuit des temps. Les uns la font descendre de Louis-le-Débonnaire, les autres d'Athic, duc d'Alsace, d'autres des comtes de Dagsbourg. Quoiqu'il en soit, c'était une des plus illustres familles d'Alsace. Elle s'est éteinte à la fin du XVᵉ siècle, et ses biens passèrent aux comtes de Hanau et des Deux-Ponts. Les ruines du château de Lichtemberg s'élèvent non loin d'Ingwiller.

La chronique des Dominicains de Colmar dit qu'à son arrivée dans cette ville, Jean de Lichtemberg «portait sur sa tête un chapeau orné d'argent, d'or et de pierres précieuses, qui valait plusieurs marcs d'argent, et autour du corps une ceinture pareillement enrichie d'argent, d'or et de pierres rares, qui, d'après l'estimation générale valait quarante marcs.» Quand il quitta l'Alsace, ce fut «avec un grand appareil;» sa femme était montée sur un «char que son intendant disait avoir coûté cent dix livres.»

—

9. 1797. — Desaix détruit la place de Kehl avant de la rendre à l'ennemi.

Il est des mots, d'apparence incompatibles, et qui cependant, ne peuvent être séparés dans certaines circonstances : tels sont les mots de défaite et de gloire, tel est le cas de la capitulation de Kehl. Ce fut en effet un siége glorieux pour les vaincus, que le siége de Kehl. Il ne fait pas tache dans l'éclatante période où, du 3 février 1795 au 19 février 1797, la République française gagna 171 victoires, dont 36 en batailles rangées ; tua 68,950 ennemis ; prit d'assaut 151 places fortes ou villes importantes, enleva 236 forts, camps ou redoutes ; capta 4,038 bouches à feu, 1,958,150 livres de poudre, 135 drapeaux, etc., etc.

Moreau, ayant opéré sa mémorable retraite de Bavière, jeta une partie de ses troupes à Huningue, l'autre à Kehl. Le commandement de cette dernière place fut confié à Desaix. Le prince Charles, général de l'armée autrichienne, vint y mettre le siége le 4 octobre 1796, quoique la saison fût avancée. Son opiniâtreté triompha du froid et des inconvénients que l'hiver amena à sa suite : d'immenses sacrifices d'hommes et de matériaux furent faits, mais rien ne lui coûta. Cent mille coups de canons furent tirés; vingt-cinq mille bombes furent lancées. Les Français se défendirent avec la dernière vigueur, cependant à la longue, et toute possibilité de résister s'étant évanouie, ils furent bien obligés de se rendre. Mais Desaix n'était point un de ces vulgaires capitaines, qui croient avoir satisfait au devoir, pour n'avoir pas trop maladroitement contrarié les règlements militaires. Il détruisit le fort et quand les ennemis approchèrent pour jouir de leur victoire, ils ne trouvèrent qu'un monceau de cendres.

---

13. 1680. — Mort au château de Riquewihr, en Alsace, de la duchesse Anne de Coligny, épouse du prince Georges II de Montbéliard.

Cette dame, arrière-petite-fille du fameux amiral de Coligny, était née en 1624. Sa mère, la maréchale de Châtillon, résidait à Belfort pendant l'année 1645. Le prince Georges vint l'y visiter, et lui demander la main de sa fille : il fut agréé et promit la foi du mariage à Mademoiselle de Coligny. Cette princesse ne jouit pas jusqu'à la fin de ses jours de toute sa raison : le trouble se mit peu à peu dans son esprit, son intelligence s'obscurcit, elle se livra à mille extravagances des plus fâcheuses. Mais cette infirmité ne lui enleva pas l'affection de sa famille ; elle fut surtout aimée par sa fille Henriette qui ne voulut pas survivre à sa mère. La malheureuse refusa toute nourriture, et mourut de faim dix jours après la princesse Anne.

Le duc Georges régna sur Montbéliard de 1662 à 1699. Nous trouvons son nom dans les Mémoires de Mademoiselle de Montpensier, à propos de la visite qu'il fit à Louis XIV, lors du passage du grand roi à Ste-Marie-aux-Mines. Voici comment Mademoiselle de Montpensier, qui accompagnait Louis XIV, raconte l'entrevue :

« Lorsque nous partîmes de Ste-Marie-aux-Mines, un

petit souverain vint saluer le roi ; c'était le prince de Montbéliard, de Wirtemberg ; je l'avais vu autrefois à Paris, lorsqu'il avait épousé Mademoiselle de Châtillon, fille du maréchal. Il me parut affreux, habillé comme un maître d'école de village, sans épée, avec un méchant carrosse noir, parce qu'il portait le deuil de l'impératrice; ses chevaux avaient des housses noires jusqu'à terre, et ses pages et ses laquais étaient vêtus de jaune avec des garnitures de rubans rouges. Il avait quinze ou vingt gardes avec des casaques de même livrée, assez bien montés; il me souvient que toute sa cour était dans un même carrosse, duquel on vit sortir dix ou douze personnes, pour s'en faire honneur. »

—

15. 1790. — Décret du 15, 16 janvier, 26 février et 4 mars 1790 sur la division administrative du royaume en départements.

L'Alsace est divisée en deux départements, ceux du Haut-Rhin et du Bas-Rhin. Le premier a pour cheflieu Colmar, le second Strasbourg. Le Haut-Rhin est divisé en trois districts, dont les chefs-lieux sont : Colmar, Altkirch, Belfort. Le Bas-Rhin comprend quatre districts, ceux de Strasbourg, Haguenau, Wissembourg, Benfeld.

Les districts eurent leurs administrations particulières, subordonnées à l'administration du département, et un tribunal. Ils furent divisés en cantons, à chacun desquels on donna un juge de paix. Un tribunal particulier, établi dans chaque département, eut à juger les causes criminelles : un jury décidait sur la culpabilité du prévenu ; les juges prononçaient la sentence.

Chaque commune eut son conseil et son maire.

Le clergé de chaque département fut soumis à un évêque constitutionnel.

Tous ces fonctionnaires devaient être élus par le peuple.

Cette nouvelle organisation donna lieu à quelques troubles, notamment à Schlestadt, à Obernai, à Haguenau, mais ils furent bien vite comprimés.

---

17. 1318. — Mort d'Erwin de Steinbach.

Le grand artiste repose aux pieds de la merveilleuse cathédrale, à laquelle son nom doit l'immortalité, à côté de sa femme Husa, dans le petit cimetière qui se trouve entre la chapelle de St-Jean-Baptiste et le grand-séminaire, et qui semble avoir été la nécropole des architectes de l'œuvre de Notre-Dame. Il légua à la cathédrale son cheval et une rente de quatre onces pfennings, monnaie de Strasbourg.

La croyance populaire attribue à Erwin, une part trop large dans la construction de la cathédrale de Strasbourg. Quand il vint en cette ville, le chœur, les transepts et la nef existaient déjà : il ne manquait que la façade. Erwin la fit, et l'on sait comment : cela suffit à sa gloire. Il est encore l'auteur d'une chapelle de la Vierge, qui était adossée au jubé, mais qui fut démolie au XVIIIe siècle, et répara aussi les dégâts causés à la cathédrale par le fameux incendie de 1298.

La flèche, telle qu'on la voit aujourd'hui, n'entrait point dans les plans d'Erwin. Elle ne fut élevée que plus d'un demi-siècle après sa mort, et achevée en 1439.

---

18. 1739. — L'année 1739 a commencé par des froids très-rudes et des neiges abondantes. Le 18 janvier d'effroyables ouragans succédèrent à cette rigoureuse température. Ils commirent de grands dégâts en Alsace et dans la Franche-Comté. Une grande quantité de maisons furent détruites, des milliers d'arbres furent déracinés. A la suite de ces ouragans, eurent lieu de grandes inondations.

---

21. 917. — Dans l'intervalle qui sépare les années 870 et 925, l'Alsace fut administrée par des agents du

fisc (*nuntii camerae*). Deux d'entre eux, Berchtold et Erchanger se rendirent coupables de telles violences à l'égard de leurs administrés, que le roi Conrad fut obligé de les rappeler ; il les fit comparaître devant l'assemblée des princes, qui se tenait en Souabe. Reconnus coupables, ils furent condamnés à avoir la tête tranchée. Leur exécution eut lieu à Oettingen, le 21 janvier 917.

—

21. 1793. — Couturier, Rühl et Denzel arrivent à Strasbourg en qualité de commissaires et déposent les officiers municipaux, malgré les représentations de nombreux citoyens. Ils nomment aux fonctions de maire, Monet, jeune homme de vingt-quatre ans.

—

22. 1361. — L'évêque de Bâle accorde à Rodolphe IV, duc d'Autriche, l'investiture du comté de Ferrette, en présence d'une très nombreuse assemblée d'ecclésiastiques, de ducs, de comtes et de nobles.

Rodolphe s'engage tant en son nom que comme mandataire de ses trois frères, les ducs Frédéric, Albert et Léopold, à ne porter aucun préjudice à son seigneur suzerain, l'évêque de Bâle, «en disposant des biens du fief de manière à les rendre étrangers à ce dernier, et à lui enlever son droit de retour, à défaut de lignée masculine de lui ou de ses frères.» Il promet encore pour ses enfants mâles, ses frères et les enfants mâles de ceux-ci, de recevoir de la part de chaque évêque de Bâle l'investiture des mêmes fiefs qui viennent de lui être concédés, toutes les fois que le cas l'exigera par le décès du seigneur concédant ou du vassal concessionnaire.» Enfin il termine ainsi : «S'il arrivait que nos frères, nos «fils ou les leurs, répudiassent ces fiefs, et qu'aucun «ne les revendiquât ou ne voulût les recevoir, cesdits «fiefs devront revenir en entier, et comme libres à l'é-«vêque et au chapitre de Bâle. Nous avons aussi pro-«mis et promettons solennellement, en lieu et place de «serment, et nous nous engageons pour nous, nos héri-

«tiers directs et ceux de nos frères appelés à jouir des-
«dits fiefs, d'avoir pour ferme et stable tout ce qui est
«écrit et stipulé ci-dessus et de ne revenir sur rien de
«ce qui y est établi, à peine de tout dommage, renon-
«çant par les présentes, au nom et qualités comme de-
«vant, pour nous, nos frères, nos héritiers et les leurs,
«à toutes ces exceptions générales et particulières que
«nous pourrions faire valoir de droit ou de toute autre
«manière contre tout ou partie de ce qui est stipulé ci-
«dessus.»

—

24. 1791. — Le curé de St-Louis, à Strasbourg, et son vicaire prêtent le serment civique, en cette église, à l'issue de la messe paroissiale. Cela se fit comme d'habitude avec accompagnement de harangues patriotiques. Le curé commença: il parla des devoirs du citoyen et des devoirs du pasteur, prouva qu'un ecclésiastique est citoyen avant d'être prêtre, et que cette dernière qualité n'a jamais dispensé les pasteurs d'obéir aux lois de l'Empire qui ne touchent pas au spirituel. Après le curé ce fut le tour du vicaire. Puis ils prononcèrent tous deux le serment à haute voix.

A cette occasion les vers suivants furent adressés au curé de St-Louis par le citoyen Gabriel Bonnard, électeur du département d'Indre-et-Loire, et membre des Amis de la Constitution de Strasbourg:

  O digne enfant de la patrie!
  Ministre auguste des autels
  Laisse rugir la horde impie
  Des réfractaires criminels.
  La France aujourd'hui te contemple;
  Puisse ton vertueux exemple
  Graver au cœur des vrais chrétiens,
  Ce précepte saint et utile:
  La morale de l'Evangile
  Forme les prêtres citoyens.

De St-Louis, la municipalité et le corps des notables se transportèrent à la Citadelle, pour y recevoir le serment du curé. La municipalité était précédée et suivi d'un détachement de la garde nationale, qui formait encore une double haie sur les côtés du corps de la municipalité.

25. 1338. — Massacre des Juifs à Rouffach.

Le XIV⁰ siècle fut une époque fatale pour les Israélites.

La lugubre histoire des massacres et des auto-da-fés qui l'ensanglantèrent, s'ouvre par un crime commis dans la terre de Franconie par quelques juifs sur un gentilhomme. Le frère de la victime ne crut pas que ce serait trop que d'envelopper toute la race juive dans sa vengeance, et il sema dans l'air mille accusations calomnieuses, que les vents portèrent à tous les échos. Aussitôt, et comme à l'approche d'une tempête, une sombre inquiétude s'empara des nations voisines, de vagues rumeurs y circulent, une sourde agitation les émeut. Déjà plusieurs princes avaient frappé quelques coups sur les victimes signalées à la fureur des peuples, mais l'Alsace semblait encore dans l'attente, lorsque surgit de son sein un de ces hommes dont l'audace en impose à la multitude, dont les accents passionnés la saisissent et l'entraînent. Il se lève et prêche la croisade sainte, ordonnant, au nom de Dieu, de massacrer les ennemis et les meurtriers de son Fils. A sa voix, les populations accourent: l'artisan quitte son ciseau; le marchand, son négoce; le laboureur, sa charrue. Cet homme portait le nom de Zimperlin, on l'appela *Armleder*, des deux bracelets qui lui serraient les poignets; il était cabaretier, on l'acclama roi; il disait avoir des révélations de Dieu, on l'écouta comme un prophète. Ce devait être chose sinistre, que cette majesté sanglante, traînant après elle ces centaines de furieux réunis pour s'enivrer de sang et de carnage.

Et maintenant voyez-vous leurs hordes traversant cette délicieuse vallée du Rhin, que Dieu semblait avoir fait si belle afin qu'on y fût meilleur? Une croix brille, une bannière flotte à la tête de cette cohue immense, dont la surface est hérissée de fourches, de faulx, de bêches, de hoyaux. Ils parcourent ainsi les hameaux et les bourgades, entrent dans les villes.... le sang coule par torrents, la flamme pétille sur de vastes bûchers, où expirent dans de hideuses contorsions hommes, femmes, enfants. Quelquefois, et de peur de faiblir, les juifs s'entr'égorgèrent: on vit des pères étrangler leurs enfants, on vit des époux fendre le ventre de leur femme, et retourner le glaive fumant contre leur propre cœur.

Le 25 janvier 1338, Armleder et son armée étaient à Rouffach. Malheur aux juifs! Les chroniques ne donnent aucun détail sur cette journée. Elles la résument dans cette phrase épouvantable: à Rouffach plus de 1500 juifs furent égorgés le 25 janvier 1338, ou brûlés le 13 janvier 1339; il n'en resta plus un seul dans cette ville.

De Rouffach, Armleder se porta sur Colmar.

A la fin, l'évêque de Strasbourg et les seigneurs d'Alsace s'apitoyèrent sur le sort des juifs, et formèrent une ligue contre leurs sauvages persécuteurs. Armleder fut pris et mis à mort.

Ce n'est là qu'un épisode de la guerre qui se fit en Alsace contre les juifs à cette époque.

---

28. 1801. — Organisation des justices de paix en Alsace, conformément à la loi du 3 pluviose an IX.

Cette organisation est réglée sur les bases combinées de la population et de l'étendue territoriale. La loi porte que la population moyenne d'un arrondissement de justice de paix sera de 10,000 habitants, et ne pourra pas embrasser plus de 15,000, sur une étendue territoriale de 375 kilomètres carrés au maximum, et de 125 au minimum, excepté lorsque, dans une étendue territoriale moindre de 125 kilomètres carrés, il existe une population supérieure à 15,000 habitants. Dans ce dernier cas, la composition des arrondissements devra se faire d'après la seule base de la population.

30. 1744. — Renouvellement à Strasbourg de l'ordonnance de police, au sujet des assemblées secrètes.

«Sur les représentations qui nous ont été faites par notre procureur fiscal, que quoyque les anciens règlements de police de cette ville deffendent avec autant de sagesse que de sévérité, toutes sortes d'assemblées secrètes et mistérieuses tant de jour que de nuit, il avait cependant appris qu'il s'y était glissé une société connue sous le nom de francs-massons, laquelle paroissoit d'autant plus singulière que l'on y recevoit indistinctement des personnes de tous états, rangs, conditions et religions, qui tenoient leurs assemblées tantôt dans un quartier de cette ville et de ses environs, tantôt dans un autre et y passoient des nuits entières; que plus ceux qui étoient membres de cette société affectoient de repcndre du mistère sur ce qu'il s'y passoit, moins il convenoit d'en tolérer les progrès; progrès que l'attrait de la nouveauté et de la curiosité avec une sorte de distinction qu'on semble vouloir y attacher n'avoient déjà rendu que trop considérable, en sorte qu'il étoit important d'y remédier, à ces causes il requeroit qu'il nous plût renouveller à cet égard, et en tant que de besoin les deffenses portées par les anciens règlements.

«Nous les juges de la chambre de police avons fait et faisons deffenses très-expresses à tous bourgeois manants et habitants de cette ville et de ses dépendances, de quelque qualité et conditions qu'ils puissent être, non seulement de tenir aucune assemblée secrete soit de jour ou de nuit, mais encore d'en tolérer chez eux à peine de *trois cens livres* d'amande moitié applicable au dénonciateur, et l'autre au profit des aumônes publiques pour la première contrevention, et de plus forte peine en cas de récidive tant contre chacun de ceux qui seront convaincus de s'estre trouvés en pareilles assemblées, que contre les particuliers qui les auront souffertes dans leurs maisons, sans que ladite peine puisse être reputée comminatoire remise ou modérée, et sera le présent reglement imprimé, lû, publié, et affiché partout où besoin sera, afin que personne n'en prétende cause d'ignorance. Décreté à la chambre de police, le 30 Janvier 1744, et confirmé à la chambre de Messieurs les XXI, le 3 février suivant.»

D'après la constitution de 1482, qui, sauf quelques modifications, régit la ville de Strasbourg, jusqu'en 1790, la chambre de police était composée de quelques membres du Magistrat, délégués à cet effet. Elle était chargée de tout ce qui était relatif à la police à la censure des mœurs. Ses condamnations étaient sans appel.

La chambre de *Messieurs* les XXI, formait avec la chambre des XIII et la chambre des XV, le Magistrat. Ses membres, qui étaient au nombre de cinq ou six, prenaient le titre d'*anciens*. Ils n'avaient aucune attribution spéciale et passaient plus tard dans les deux autres chambres. Chaque XXI recevait, en honoraires, 10 cordes de bois, 1000 fagots et 444 livres.

—

31. 1633. — Massacre à Dannemarie par les Suédois.

Les Suédois étaient arrivés jusqu'à Belfort et s'en étaient emparés. N'ayant donc plus à guerroyer, et ne trouvant plus au bout de leurs piques d'ennemi sur qui satisfaire leur humeur batailleuse, ils s'en prirent aux habitants de la contrée. Ce furent mille tracasseries, mille vexations, et ce qui pis est, mille injustices, mille atrocités! Le paysan se plaignit d'abord, accusant le malheur des temps ; puis il s'irrita; à la fin, il rugit et se vengea. Trois fois imprudent, le soudard qui s'attardait le soir sur la route : chaque broussaille cachait un ennemi, et l'ombre était pleine d'embûches. De leur côté, les Suédois ne laissèrent point leur zèle se refroidir. Attrapaient-ils un paysan à la mine quelque peu résolue, on lui passait, sans autre forme de procès, la corde au cou, et galamment on l'accrochait à un arbre. On en voyait ainsi, dit-on, des centaines, pendus le long des chemins, entre ciel et terre, et bercés par les vents : mélanges informes d'os et de pourriture, point encore squelettes, déjà plus cadavres. Les choses empirant, les paysans se réunirent et formèrent une bande de 4 à 5000 hommes. D'abord ils se ruèrent sur Altkirch; de là ils assaillirent Ferrette, emportèrent la place, et se jetèrent à la gorge des hommes de la garnison. Pas un de ces pauvres hères n'y échappa, et tous, séance tenante, passèrent dans l'autre monde. Les insurgés appréhendèrent aussi les lieutenants-colonels Erlach et Gaumare. Ils firent au premier la grâce de l'occire de suite; quant à l'autre, grièvement blessé, ils le dépouillèrent, et le postèrent tout nu, en rase campagne : costume un peu léger pour la saison. Chaque passant le gratifiait d'une injure, le geste accompagnait la parole, et les paysans passent pour avoir la main un peu lourde.

Cependant le Rhingrave Othon s'en vint à Thann, et appela ses hommes autour de lui pour tomber sur les paysans. Ils atteignirent ces malheureux à Dannemarie, et en écrasèrent jusqu'à 1600 dans le cimetière du village.

Les montagnards des environs de Giromagny et de Rosemont ont gardé le souvenir de ces temps de luttes et de combats. Ils le chantent dans une naïve complainte, en vers patois non rimés, qui raconte comme quoi le seigneur Généry, bailli ou sénéchal du pays de Vescemont, appela aux armes les gens de la contrée et courut sus aux Suédois. Richard Prévôt portait la bannière; il reprit avec sa bande les troupeaux et le butin que les ennemis emmenaient après eux.

« Cette vieille ballade, dit M. Corret (Histoire de Belfort), à qui nous en empruntons la traduction, aussi belle que les anciens lais de la Normandie et de la Bretagne, mérite d'être conservée. Les premiers vers et quelques autres ont une couleur ingénue tout à fait romantique, surtout pour une époque aussi éloignée et pour un pays agreste, où la rime n'était pas encore connue. Néanmoins, quoique les vers soient blancs et choquent par conséquent l'oreille, ils ont quelque chose d'agréable par l'harmonie du nombre qu'on y trouve passablement observée. »

Voici cette complainte :

I

C'est Généry de Vescemont, que Dieu le mette en gloire,
Il a trimé trois jours et trois nuits pour rassembler son monde.

II
Dieu vous garde, Richard Prévôt! où est votre bannière?
III
— Nous l'avons déposée à Chaux, à Chaux la jolie.
IV
Où j'ai laissé cinq cents hommes de pied pour garder la bannière
V
Aux avenues du Valdoie nous rencontrâmes l'enn-mi en face.
VI
Et tant fantassins que cavaliers étions mille.
VII
Déchaussez-vous, messieurs de Belfort, pour passer la rivière;
VIII
Ceux qui ne pourront passer le pont passeront au gué;
IX
Ils regardent en haut, en bas, ne sachant quel chemin prendre,
X
Et ils ont fait demi-tour à la croix de pierre.
XI
Sur la plaine des Ainans nous avons repris notre butin,
XII
Tous les porcs et tous les moutons, toute la bergerie
XIII
(Richard Prévôt) éperonne son cheval gris pommelé, pour sauter la barrière;
XIV
Son chapeau tombe à terre; il ne daigne pas le ramasser.
XV
Tous les gens de Giromagny chantaient comme des anges,
XVI
Et tous ceux de Sermamagny bêlaient comme des chèvres.
XVII
S'ils avaient passé par Angeot et fussent revenus par Larivière
XVII
Tous les enfants du Rosemont seraient devenus des messieurs.

—

4. 1690. — Ordonnance du magistrat de Strasbourg, relative au prix de la volaille et du gibier.

Le magistrat de la ville de Strasbourg ayant remarqué avec beaucoup de déplaisir que les vivres et les denrées enchérissaient de temps en temps, sans aucun légitime sujet, et nommément la volaille et le gibier, dont le prix a fort augmenté, tellement que s'il n'y était bientôt pourvu, il serait à craindre que les vivandiers, cabaretiers, rôtisseurs et revendeurs ne donnassent lieu peu à peu à une chèreté excessive, au grand préjudice des officiers du roi et des habitants de cette ville.

C'est pourquoi ledit magistrat, pour remédier en tant qu'en lui est, à un tel abus, a ordonné et ordonne, par le présent règlement, à tous les bourgeois, manants, habitants, et à tous autres qui demeurent ou viennent dans cette ville, comme aussi à tous les cabaretiers, vivandiers, rôtisseurs et revendeurs, de ne plus acheter ni vendre aucune volaille ou gibier à un plus haut prix que celui que ledit magistrat a mis au taux ci-dessous transcrit, qui lui paraît fort raisonnable en ce temps.

Et pour remédier d'autant mieux auxdits abus, ledit magistrat leur défend d'aller ou d'envoyer hors la ville, aux portes et dans les rues audevant des personnes qui apportent de la volaille ou du gibier pour les vendre en cette ville, ni d'acheter aucune volaille, gibier, ou denrées en d'autres endroits de cette ville, ni de sa banlieue, que sur le marché public, et avant dix heures du matin sonnées, comme aussi à tous ceux qui apportent ladite volaille, gibier et denrées en cette ville, de les vendre ailleurs qu'audit marché public, le tout à peine de vingt livres d'amende, et confiscation de tout ce qu'ils auront acheté ou vendu contre la présente ordonnance; laquelle sera publiée et affichée partout où besoin sera, afin que personne n'en prétende cause d'ignorance.

Fait à Strasbourg, le 4 février 1690.

Suit la taxe:

	Livres.	Sols.	Deniers.
Une paire de poulets	—	16	—
Un paire de pigeonneaux	—	15	—
Une couple de perdrix	3	—	—
Une paire de cailles	—	10	—
Un chapon du pays	—	20	—
Une oie	—	20	—
Une couple de gelinottes	4	—	—
Un coq d'Inde	3	—	—
Une poule d'Inde	—	40	—
La paire d'Indonneaux	—	40	—
Une douzaine d'alouettes	—	16	—

	Livres.	Sols.	Deniers.
Une douzaine de grives	—	24	—
Une douzaine de grivettes	—	12	—
Une bécasse	—	20	—
Une bécassine	—	6	—
Une paire de vanneaux et pluviers	—	15	—
Une poule	—	13	4
Une canne	—	8	—
Un canard sauvage	—	16	—
Une cercelle	—	6	8
Un coq de bruyère	3	—	—
Un lièvre	—	30	—

4. 1791. — Arrivée à Colmar des députés Mathieu Dumas, Hérault de Séchelles et Foissey.

Une trique se voit au musée de Colmar. L'histoire qu'on va lire répond à la question que s'est sans doute déjà posée maint curieux: «Qu'est-ce donc que cette trique?»

L'Assemblée constituante avait décidé, en sa haute sagesse, que les citoyens Hérault de Séchelles, Mathieu Dumas, colonel d'infanterie, et Foissey, président du tribunal de Metz, se rendraient à Colmar, avec mission d'y faire apprécier sainement l'esprit des institutions nouvelles.

Averti de leur venue, le maire de Colmar, M. de Salomon, voulut aviser avec les autorités militaires et les chefs de la garde nationale, sur les honneurs à rendre aux augustes visiteurs. M. de Bergeret, commandant de la garde nationale, refusa sèchement, prétextant que dans le règlement sur le service des places, il n'existait aucune disposition à ce sujet, et que conséquemment, il n'y avait aucune mesure militaire à prendre. Alors quelques officiers plus avancés dans les idées du jour, ramassèrent une centaine d'hommes de bonne volonté et se rendirent avec eux à l'hôtel des Six-Montagnes-Noires, où les trois députés devaient loger. Le maire et les siens s'y trouvaient déjà. Mais l'heure passa et personne ne parut. Fatigués d'attendre, ces messieurs se séparèrent, en laissant toutefois quelques hommes à l'hôtel pour former une garde d'honneur aux commissaires.

Enfin, vers huit heures du soir, arriva un courrier : les trois députés le suivaient de quelques minutes. Aussitôt on courut quérir les municipaux, prévenir la soldatesque, et les abords des Six-Montagnes-Noires s'emplirent de curieux. Grand besoin était vraisemblablement de prêcher aux Colmariens les avantages du nouvel ordre de choses; les huées qui accueillirent les arrivants en font foi. C'était à qui crierait le plus fort : «A bas, à la lanterne, vive le roi, vive le comte d'Artois!» «Ces bonnes gens faisaient même mine de vouloir envahir l'hôtel, et de maltraiter les commissaires, quand soudain débouchèrent sur la place quelques hommes armés de rames, de bâtons et de gaffes. En tête marchait, brandissant une trique, Stockmeyer, batelier, habitant de la *Krutenau*. Et la trique de voler à droite, à gauche, bondissant d'une tête sur une épaule, d'une épaule sur une échine, si bien qu'en un instant la rue fut évacuée. Un seul des mutins resta sur place : c'était un vieux chevalier de St-Louis, du nom de Malassis ou Melassis. On le releva pour le porter dans une maison voisine, où lui furent prodigués les soins que réclamait son piteux état.

Grâce à la vertu de sa trique, Stockmeyer passa grand homme. Le lendemain de cette scène, le commandant de la garde nationale de Neuf-Brisach vint à la tête d'une députation féliciter le héros, tandis que du fond de la vallée de Saint-Amarin, accourait Johannot, directeur des fabriques de Wesserling, pour lui offrir le concours de trois mille patriotes montagnards, si l'ordre devait encore être troublé à Colmar. L'enceinte de la Société populaire de Colmar retentit plusieurs fois de ses louanges. Un graveur fut chargé de faire son portrait, *pour perpétuer son action civique par un monument*; un exemplaire en fut envoyé à l'Assemblée nationale, qui adressa ses félicitations à l'original; un autre, enluminé par un nommé Trœnlé, fut pendu aux murs du musée de Colmar, où fut déposée en même temps la fameuse trique.

5. 1679. — Traité de Nimègue. Cet acte confirme le traité de Westphalie, qui donnait à la France l'Alsace (excepté Strasbourg) en toute souveraineté, lui abandonnant Brisach sur la rive droite du Rhin, et stipulait la promesse de la part de l'Allemagne, qu'aucune forteresse ne serait élevée sur cette rive de Philipsbourg à Bâle. L'article 23 du traité de Nimègue porte en outre, que le prince François-Egon, évêque de Strasbourg, son frère le prince Guillaume-Egon de Furstemberg, avec leur neveu le prince Antoine-Egon de Furstemberg, leurs officiers et ministres, soient pleinement rétablis dans le même état et dans leur réputation, dignité droits, voix, séances, bénéfices, offices, fiefs, arrière-fiefs, biens allodiaux et revenus qui ont été séquestrés, et généralement dans tous les biens dont ils ont joui, ou dont ils ont eu droit de jouir, avant qu'ils en eussent été dépouillés à l'occasion de la guerre, nonobstant et sans avoir égard à tous actes, traités et décrets contraires qui sont à cet égard annulés. »

Quand Louis XIV eut résolu de faire la guerre à la Hollande, l'électeur de Cologne fit un traité d'alliance avec lui : cet électeur avait pour ministre et conseiller François-Egon, évêque de Strasbourg. Quand les Impériaux, alliés aux Hollandais, envahirent l'Alsace, dans le commencement de l'an de grâce 1674, François-Egon fut chassé de son siége épiscopal. Il avait un député à la cour de Vienne : ce député fut jeté en prison. Il avait droit de séance et de suffrage dans les diètes de l'Empire : ces droits lui furent enlevés. Il retirait de son évêché, et des autres bénéfices qu'il avait par delà le Rhin, de beaux revenus : il en fut privé. Enfin il possédait des biens en Espagne : ces biens furent confisqués. Toutes les voies que la justice lui ouvrait pour se défendre, tant à la cour impériale, qu'à la diète de Ratisbonne, lui furent fermées.

Le malheureux évêque se réfugia en France : à Reims d'abord, dans l'abbaye de son frère ; puis à Paris, au Louvre, dont Louis XIV lui ouvrit les portes, où le grand roi lui donna un appartement.

Quand la France victorieuse fit entendre ses volontés

aux puissances coalisées, elle n'oublia pas l'exilé du Louvre. L'article 23 du traité de Nimègue le rendit à son diocèse.

Ce n'était point un petit personnage que François-Egon de Furstemberg. Avant d'être promu à l'évêché de Strasbourg, il était chanoine dans l'église de Cologne, de Liège, d'Hildesheim, de Spire, de Strasbourg, doyen de Cologne, prévôt de Saint-Gerion dans la même ville, prévôt d'Hildesheim, custos de Strasbourg, et de plus premier ministre de l'électeur de Cologne.

En succédant à Léopold Ier, archiduc d'Autriche, quatre-vingt-cinquième évêque-prince de Strasbourg, il devint après lui, abbé de Murbach et abbé de Lure. De plus, l'électeur de Cologne lui céda les abbayes de Stavelot et de Malmédy. On l'avait vu, à la diète de Ratisbonne, en 1653, dans la cérémonie du couronnement de Ferdinand IV, roi des Romains, marcher immédiatement après le nouveau roi, à côté de l'électeur de Mayence, tenant la place de l'électeur de Cologne. On louait sa prudence, on vantait son habileté dans le maniement des grandes affaires. Il éblouissait les peuples par sa magnificence et se faisait bénir des pauvres par son immense charité. Il consacra jusqu'à quatre-vingt-dix-mille livres pour retirer les biens ecclésiastiques qui se trouvaient en la possession des luthériens ; il bâtit un château à Mutzig, rétablit celui de la Wantzenau, commença celui de Saverne que devait achever le cardinal-prince de Rohan.

François-Egon ne survécut pas longtemps au traité de Nimègue. La mort le surprit à Cologne le 1er avril 1682 : il avait cinquante-six ans. Son corps repose dans la cathédrale de Cologne ; son cœur est conservé dans celle de Strasbourg, ses entrailles sont à Molsheim, dans l'ancienne église des Jésuites.

—

8. 1298. — Les Strasbourgeois vont assiéger Haguenau.

Il advint, en l'an 1298, que cinq marchands de Strasbourg, traversant Haguenau, furent arrêtés et jetés en prison. Strasbourg réclama ses enfants, mais ce fut en vain. Ce que voyant, les magistrats, de concert avec l'évêque Conrad, résolurent d'aller battre leurs méchants voisins. Ils entrèrent donc en campagne : c'était le 8 février, et le lendemain toute l'armée se trouvait devant Haguenau.

Ayant préludé, par quelques jours de repos et de préparation, aux grands coups qu'ils se promettaient, les Strasbourgeois avisèrent deux faubourgs, les brûlèrent et tuèrent quelques habitants. Il ne leur manqua pas d'être bien fiers et bien contents : ce beau début ne leur répondait-il pas du reste ? Mais tandis qu'ils se reposaient dans cette dangereuse sécurité, les bourgeois de Haguenau sortirent, s'élancèrent au milieu d'eux, et leur firent un grand dommage.

Cela jeta du froid sur l'enthousiasme guerrier des Strasbourgeois, et leur ardeur pour le siége se mit à languir. La fantaisie leur en passa tout-à-fait, quand Thibault de Ferrette, landvogt d'Alsace, vint ravager les terres de l'évêque de Strasbourg. Laissant à Dieu le soin de châtier la cité perverse, ils coururent sus à Thibault, et nos cinq bons hommes de marchands restèrent en prison.

15. 886. — Charles-le-Gros est à Colmar, où il signe une charte accordant à son fils Otpert deux manses sises à Marlenheim.

En 886, Colmar en était encore aux premiers jours de son existence ; la plus ancienne mention que l'on en trouve ne date que de Charlemagne.

Dans son histoire de Colmar (Musée historique et pittoresque d'Alsace, p. 115) M. Mossmann nous apprend ce que devait être alors cette ville. S'inspirant des capitulaires de Charlemagne, et aidé de documents du même âge il en dresse le plan, en décrit l'administration, nous initie au genre de vie, au sort de ses habitants.

Le lycée actuel occupe le point le plus élevé de la ville : c'est là que devait se trouver l'habitation royale, maison de pierres, dont le rez-de-chaussée se composait de trois pièces. Un lit monté, avec le linge nécessaire pour le garnir, une table et des bancs la décoraient; on eût vainement cherché ce luxe de mobilier sous les autres gîtes du domaine. Tout auprès s'étendait un bâtiment plus spacieux, appelé gynécée; une haie vive l'isolait du reste des terres et y tenait enfermées des femmes. Ces femmes travaillaient sans relâche, expiant les unes leurs fautes, les autres le malheur d'être nées dans la servilité. Autour de ce premier noyau descendait, en pente douce, une vaste cour, contenant d'autres habitations de bois, une cuisine et un four communs, des granges, un pressoir, des celliers, des étables et des écuries où ruminait un nombreux bétail, où hennissaient les chevaux destinés au service de la cavalerie et des transports militaires. Une puissante palissade, enveloppée de haies et hérissée de leurs épines, entourait la cour. A partir de cette clôture rayonnaient des vergers, des jardins potagers, que cultivait un peuple de serfs. Au-delà, et jetés çà et là dans la campagne, étaient des manses (*mansus, huba, hof*). Tout cela formait le village, le Colmar de ces époques reculées.

A la tête de ce petit peuple, régnait un juge ou *schultheiss*, représentant l'empereur. Il administrait, rendait la justice, veillait à l'entretien et travaillait à l'amélioration du domaine. Tous les ans, à Noël, il rendait directement ses comptes à l'empereur; le dimanche des Rameaux, il versait au trésor les fonds qu'il avait perçus.

Ce n'est pas la première fois que Charles-le-Gros visitait Colmar. En 876, il y avait signé une première donation en faveur du même Otpert. En 893 il en dotait un diplôme en faveur de l'Eglise de Würtzbourg. Vers le mois de février de l'an 884, il y tint une assemblée générale des comtes, des évêques et des abbés de son empire; les Normands, ces redoutables ennemis de son repos et de ses états, l'inquiétaient, et le pauvre empereur réunissait les chefs de son peuple pour leur demander des forces et des conseils. Le mois suivant nous le voyons encore à Colmar, accordant trois manses à Fulbert, évêque de St-Evre de Toul.

Avant Charles-le-Gros, Charlemagne dut plus d'une fois

passer par Colmar. En 833 e ette ville reçut un hôte non moins illustre : le pape Grégoire IV était accouru en Alsace pour apaiser la discorde qui régnait entre Louis-le-Débonnaire et ses fils. Ses paroles de conciliation restèrent vaines, et il fut témoin de la bataille du Champ-du-mensonge. C'est à Colmar que résida le pape, pendant son séjour dans notre province. Enfin quelques auteurs semblent dire que Louis-le-Débonnaire finit à Colmar son triste règne.

---

17. 1193. — Traité de Haguenau, relatif à la délivrance et à la rançon de Richard Cœur-de-Lion.

Elle devait être curieuse à voir, la petite ville de Haguenau, en février 1193. Née d'hier, elle était encore resserrée dans sa première enceinte; mais le palais impérial étalait déjà au soleil, avec son revêtement de marbre rouge, toute la splendeur, que les époques postérieures lui ont connue. Rues et places fourmillaient de monde, maisons et château regorgeaient d'étrangers, et de quels étrangers ! C'était des princes de hauts et puissants seigneurs. L'un s'appelait Henri VI, empereur d'Allemagne. Un autre s'appelait Richard Cœur-de-Lion; lui aussi était roi, et plus encore, c'était un héros. Mais présentement il joignait à cette double couronne celle du malheur : victime de la jalousie des uns et de la colère des autres, Richard subissait une dure captivité, et, loin d'avoir pour lui les égards dus à son rang, ses augustes geôliers le traitaient en Sarrasin, comme on disait alors. Il n'avait point d'escorte, si ce n'est celle que traînent après eux tous les prisonniers, et il venait entendre, comme un coupable, prononcer sur son sort.

S'en revenant de la Terre sainte, Richard Cœur-de-Lion, essuya un naufrage, et fut jeté par les flots sur les côtes d'Italie. Toujours téméraire, il se déguisa en pélerin, et s'enfonça dans les terres de Léopold, duc d'Autriche et son ennemi le plus ardent, de Léopold qu'il avait abreuvé d'injures à Ptolémaïs, dont il avait outrageusement foulé aux pieds l'étendard. Mais le pélerin fut reconnu et plongé dans un cachot. Qui ne sait l'histoire de Blondel? Qui ne s'est laissé conter comment le ménestrel reconnut son maître et le lieu de sa détention? La nouvelle de cette découverte s'étant répandue, Henri VI, empereur d'Allemagne, força Léopold à lui livrer sa riche capture, moyennant 60,000 marcs d'argent; puis il fit prendre au monarque anglais le chemin de Triefels, château situé à l'extrémité de l'Alsace, où l'attendait un logement aussi peu commode que celui qu'il venait de quitter. Après avoir gémi, pendant près d'un an, dans cette sombre demeure, celui qu'on *avait vendu*, dit un document du temps, *comme un bœuf ou un âne*, comparut devant la diète de l'empire, réunie à Worms. La diète n'osa le condamner et pria Henri de le traiter avec moins de rigueur. Plus tard, l'empereur appela les princes allemands, leur donnant rendez-vous à Haguenau; ayant fait amener son prisonnier, il le mit de nouveau devant eux. Alors les murs du château impérial entendirent les éclats sinistres de la colère de Henri VI, l'un des princes les plus impérieux de son temps, et virent l'abattement de Richard, le plus fier de tous. On discuta le prix de la liberté de l'Anglais; sa rançon fut fixée à 160,000 marcs. Mais on le retint encore méchamment pendant un an, et c'est seulement le 24 février 1194 que le lion fut déchaîné.

MARS.

6. 1699. — Les capucins ayant été autorisés par Louis XIV à établir un couvent à Colmar, M. Dietermann, alors prêteur, achète au nom de la ville, la cour Rohmer, située rue de l'Orme, pour leur en faire abandon. Le magistrat de la généreuse cité contribua, en outre, à la construction du couvent pour la somme de 2000 florins, et assura aux religieux une subvention annuelle de 50 florins.

On ne perdit pas son temps, paraît-il, car l'année suivante monastère et église étaient achevés, et capucins installés.

Pour épargner au lecteur la peine de s'égarer, par la pensée, dans le dédale des rues de Colmar, et de tomber à faux sur une rue de l'Orme, qui n'eut jamais rien de commun avec nos capucins, disons que la rue où ces religieux trouvèrent asile, a depuis longtemps changé de nom.

En effet, non contents d'avoir aidé de leur bourse les bons Pères, les Colmariens leur firent l'honneur d'appeler la rue qu'ils habitaient de leur nom, et en firent la rue des Capucins.

Plus tard l'édilité y substitua celui de Dauphine, en souvenir de la mère de Louis XVI, de Louis XVIII et de Charles X. Cette princesse, fille de Frédéric-Auguste, second roi de Pologne, et électeur de Saxe, se rendant à Paris pour y épouser Louis, Dauphin, fils de Louis XV, s'arrêta à Colmar le 29 janvier 1747. Elle logea et passa la nuit dans la maison de M. Fériet, conseiller au Conseil souverain d'Alsace (aujourd'hui maison Bastard, rue Rapp n° 8).

En 1830, pour honorer la mémoire du vaillant soldat qui doit le jour à Colmar, on effaça le mot Dauphine et on le remplaça par celui de Rapp: c'est le nom que porte actuellement la rue.

Ainsi les capucins ont déraciné l'Orme, la Dauphine a détrôné les capucins, et Rapp s'est assis sur le tout.

L'histoire des capucins de Colmar n'a que deux dates : celle de leur établissement, et celle de leur fin, c'est-à-dire la Révolution française.

Le 5 mars 1791, les trois commissaires du roi, M. de Noailles, député à l'Assemblée nationale et colonel du régiment de chasseurs d'Alsace, en garnison à Colmar ; M. Kellermann, commandant, et M. de Salomon, maire, se présentèrent chez les capucins. On réunit la communauté qui se composait alors de quatorze membres, et M. de Salomon, prenant la parole, les engagea à reconnaître l'évêque constitutionnel qui devait être élu le lendemain. Un long silence lui répondit. Sur ce, on pria les moines de se retirer, et les commissaires, prenant à parti le P. Anselme, gardien, lui adressèrent personnellement l'invitation qu'ils venaient de faire à la communauté réuni. Il répondit qu'il ne reconnaîtrait d'autre évêque que celui de Bâle ou celui qui serait nommé par l'Eglise. Les commissaires passèrent alors de cellule en cellule, interpellant chaque religieux individuellement ; mais autant de religieux, autant de refus.

Le couvent fut évacué, et la communauté dissoute au mois de mai suivant.

---

9. 1753. — Naissance de Jean-Baptiste Kleber.

C'a été une des gloires de l'Alsace — et non la moins grande — que d'avoir donné à la France, durant l'éclatante période qui court de 1789 à 1815, quelques-unes de ces individualités puissantes, qui firent de cette époque l'une des plus glorieuses qui se puisse lire dans les annales du monde. Tels Kleber, Lefèvre, Kellermann, Rapp, et d'autres encore.

Kleber naquit à Strasbourg en 1753. Cependant, malgré les postes élevés qui lui furent confiés, et la gloire immortelle qu'il acquit, il ne s'engagea dans les armées françaises qu'en 1792, c'est-à-dire vers l'âge de quarante ans. Tout le monde connaît ses exploits sur les bords du Rhin, dans les bocages de la Vendée, dans les plaines de la Hollande, et enfin sur les rives du Jourdain et en Egypte.

Voici le portrait que fait du héros alsacien M. Thiers dans son histoire de la Révolution française : « Kleber était le plus bel homme de l'armée. Sa grande taille, sa noble figure, où respirait toute la fierté de son âme, sa bravoure à la fois audacieuse et calme, son intelligence prompte et sûre, en faisaient sur les champs de bataille le plus imposant des capitaines. Son esprit était brillant, original, mais inculte. Il lisait sans cesse et exclusivement Plutarque et Quinte-Curce ; il y cherchait l'aliment des grandes âmes, l'histoire des héros de l'antiquité. Il était capricieux, indocile et frondeur. On avait dit de lui qu'il ne voulait ni commander ni obéir, et c'était vrai. Il obéit sous le général Bonaparte, mais en murmurant ; il commanda quelquefois, mais sous le nom d'autrui, sous le général Jourdan, par exemple, prenant par une sorte d'inspiration le commandement au milieu du feu, l'exerçant en homme de guerre supérieur, et, après la victoire, rentrant dans son rôle de lieutenant, qu'il préférait à tout autre. Kleber était intègre et désintéressé, comme on l'était alors ; car la conquête du monde n'avait pas encore corrompu les caractères. »

—

14. 1312. — L'empereur Henri VII signe à Pise un diplôme qui élève Turckheim au rang de ville, lui permet de s'entourer de murs et de fossés, lui accorde un marché hebdomadaire et lui octroie les libertés et priviléges, dont jouit la ville de Colmar, sans préjudice des droits de l'abbé de Munster.

Arrivant en ligne directe de Horbourg, une voie, dont il reste encore de curieux vestiges, sillonnait à l'époque gallo-romaine la vallée de Munster. Des monnaies, des bronzes, des poteries ramassées en grande quantité au lieu dit *Husenfeld*, c'est-à-dire au point où ce fantôme de chemin effleure le Turckheim d'aujourd'hui, font croire que cette petite ville est contemporaine de la voie romaine. Quoiqu'il en soit, il en est fait mention au 9ᵐᵉ siècle : c'était alors un village impérial. Après cette date lointaine, l'histoire est muette à son égard jusqu'à la fin du XIIIᵉ siècle.

Les habitants de Turckheim ne laissèrent point moisir au fond de leurs bahuts la permission qui venait de leur être octroyée par Henri VII, car en moins d'un an, un cordon de vaillantes murailles se tenait debout autour de leurs demeures. Plus tard, et pour se mettre en harmonie avec les progrès et les perfectionnements croissants des engins de destruction, il leur fallut fabriquer une seconde enceinte, mais elle fut détruite de par l'ordre de Sa Majesté Louis XIV en 1681. La première se voit encore. Elle a la forme d'un triangle et se troue au sud-ouest, au nord-ouest, à l'est, pour donner ouverture à trois portes. Au-dessus de ces portes s'élèvent de vieilles tours, postées là comme trois gigantesques sentinelles, qui veillent depuis des siècles à la sûreté de la ville, l'œil ouvert, l'une sur la vallée, l'autre sur la route de Kaysersberg, la troisième sur la route de Colmar. Par endroits, la muraille s'enfle, fait bosse et s'arrondit en tours ouvertes en dedans ou demi-tours. L'intérieur de la ville n'est pas tout à fait indigne de ce vénérable encadrement. Quelques gracieuses tourelles pendues çà et là aux angles des maisons, quelques baies ogivales heureusement oubliées par la main des maçons modernes au haut d'un pignon ou dans le mur noirci d'une grange, enfin quelques vieilles constructions donnent à Turckheim un air moyen-âge que nous souhaiterions lui voir conserver toujours. De l'ancienne église, il en reste encore assez pour savoir quelle elle était : ce reste, ce débris, ce vieux témoin décrépit par le temps et mutilé par les hommes, mais encore debout pour nous apprendre ce que d'autres âges ont vu, c'est le clocher. Sa porte romane, son premier étage roman, son étage supérieur percé de baies gothiques nous disent que cet édifice devait être en majeure partie de l'époque de transition romano-ogivale.

L'histoire de la ville de Turckheim est monotone et peu marquée de faits saillants. Tantôt c'est un empereur qui lui accorde quelque privilége ; tantôt c'est une guerre à laquelle elle prend part de concert avec les autres villes impériales ; ou bien, pour étendre le champ de ses libertés, elle lutte contre l'abbé de Munster ou le seigneur du Hoh-Landsberg, dont les droits et l'autorité la gênaient. Une nuit, le seigneur du Hoh-Landsberg descend de la montagne à la tête de quelques hommes, escalade les murs de la ville et massacre tout ce qu'il rencontre d'habitants. Au seizième siècle, et malgré l'exemple de ses voisines les villes de Colmar et de Munster, Turckheim ferma la porte à la Réforme ; ce pourquoi elle eut beaucoup à souffrir pendant la guerre des Suédois. Enfin la victoire que Turenne remporta sous ses murs jeta le nom de cette petite cité à tous les échos du monde civilisé.

25. 1123. — St-Bernard pose la première pierre de l'abbaye de Lucelle.

S'il vous arrive jamais, en errant sur les bords de la petite rivière qui forme la frontière sud du Sundgau, de rencontrer Lucelle, ô voyageur, passez avec respect, car cette terre est sainte ! Pendant plusieurs siècles elle porta une abbaye qui fut des plus florissantes, des plus célèbres, non-seulement de l'Alsace, mais de toute la chrétienneté. . . .

Ce n'était alors que déserts, impénétrables forêts, marécages, rochers arides. Un homme, au milieu d'autres accourus de loin, s'était arrêté dans cette solitude, et, les yeux levés vers le ciel, il bénissait quelques pierres jetées en terre : c'était St-Bernard, c'étaient les fondements de l'abbaye de Lucelle. Peu d'années après, la nouvelle maison comptait déjà deux cents religieux.

Quant à St-Bernard il revint deux fois encore à Lucelle, en 1136 et en 1145.

27. 1789. — Dans l'assemblée de l'ordre de la noblesse des deux districts réunis de Colmar et de Schles-

tadt, il a été arrêté, le 27 mars dernier (1789) «de dé-
«clarer, de la manière la plus formelle, que l'Ordre s'en-
«gage à contribuer, en proportion de ses facultés, aux
«charges de l'Etat et à toute contribution, tant générale
«que provinciale, qui seront déterminées par la nation
«assemblée, ou par les Etats provinciaux.» Cette décla-
ration adoptée à l'unanimité par l'ordre du clergé des
mêmes districts, a été communiquée au Tiers-Etat et
rendue publique.

(*Mercure de France* 1789.)

28. 1804. — Félix Desportes, préfet du Haut-Rhin,
établit des comices agricoles dans chaque arrondissement.

On lit dans «l'Annuaire du département du Haut-
Rhin, pour l'an XIII (1804-1805),» sous la rubrique :
«Comices agricoles» :

«Quoique l'agriculture ne soit pas arrivée dans le
Haut-Rhin au degré de perfection dont elle est suscep-
tible, cependant on a remarqué que depuis douze ou
quinze ans, les bons traités d'économie rurale, les conseils de l'administration supérieure, et les exemples de
quelques grands propriétaires, lui ont donné une impul-
sion favorable à ses progrès. Un grand nombre de particuliers, qui, avant 1789, vivaient de leurs rentes ou de
leurs emplois, ont été ramenés par les circonstances à la
culture de leurs propriétés. Les jachères ont diminué
considérablement; des défrichements nombreux ont eu
lieu; les prairies artificielles se sont multipliées; la plan-
tation et la taille des arbres commencent à être dirigées
suivant les meilleures méthodes; la culture du turneps
et de différents végétaux étrangers s'est propagée dans
le département; le mûrier et le ver à soie prospèrent
dans les montagnes voisines de l'Helvétie, par les soins
de M. Imer, pasteur à Neuveville : dans plusieurs cantons on admire la patience du cultivateur qui à chaque
printemps, reporte sur ses côteaux la terre que la pluie
ou des ouragans ont entraînée; des murs de soutène-
ment, élevés comme autant de gradins sur les hauteurs,

pour multiplier les surfaces arables, sont entretenus avec soin, malgré les dépenses et le travail qu'ils exigent. Ces faits prouvent que l'habitant du Haut-Rhin est laborieux et intelligent, et que pour l'engager à abandonner les pratiques nuisibles, et à perfectionner sa culture, il suffit de l'éclairer par les conseils et par les exemples.

«C'est dans cette vue que M. le préfet Félix Desportes a établi des comices agricoles dans chaque arrondissement, par un arrêté du 7 germinal an XII. Chaque assemblée comitiale est composée de dix membres, dont quatre cultivateurs de profession, et six propriétaires choisis dans la classe des citoyens exerçant des fonctions libérales ou jouissant d'une fortune indépendante, et joignant à l'une ou à l'autre de ces conditions, celle de faire valoir par eux-mêmes une portion de leur domaine. MM. les sous-préfets sont présidents de l'assemblée de leur arrondissement; ils la convoquent au moins quatre fois par an. Les membres peuvent donner leurs observations de vive voix ou par écrit. Un comité central, pris dans le sein de la société d'émulation Colmar, correspond avec celui de chaque arrondissement. L'assemblée générale des comices a lieu une fois l'an, à l'époque fixée par le préfet : elle est publique, et l'on y décerne des prix.

«Dans la première séance des comices agricoles de l'arrondissement de Colmar, tenue le 15 messidor an XII, M. le préfet retraça d'une manière éloquente le but de cette institution, formée d'après les plans de Turgot et de Malesherbes; voici ses expressions : «détruire, dans «les procédés de l'agriculture, la routine qui s'oppose à «toute innovation; encourager des cultures nouvelles, ap«propriées à chaque localité; vaincre les préjugés et le«ver les incertitudes par la force de l'exemple; fixer l'at«tention publique sur les abus que vous aurez décou«verts, et indiquer les moyens de les réprimer; enfin, «signaler à l'administration ceux qui, en contribuant aux «progrès de leur art, auront mérité une récompense; voilà «messieurs, l'objet de votre institution et de vos impor«tants travaux.»

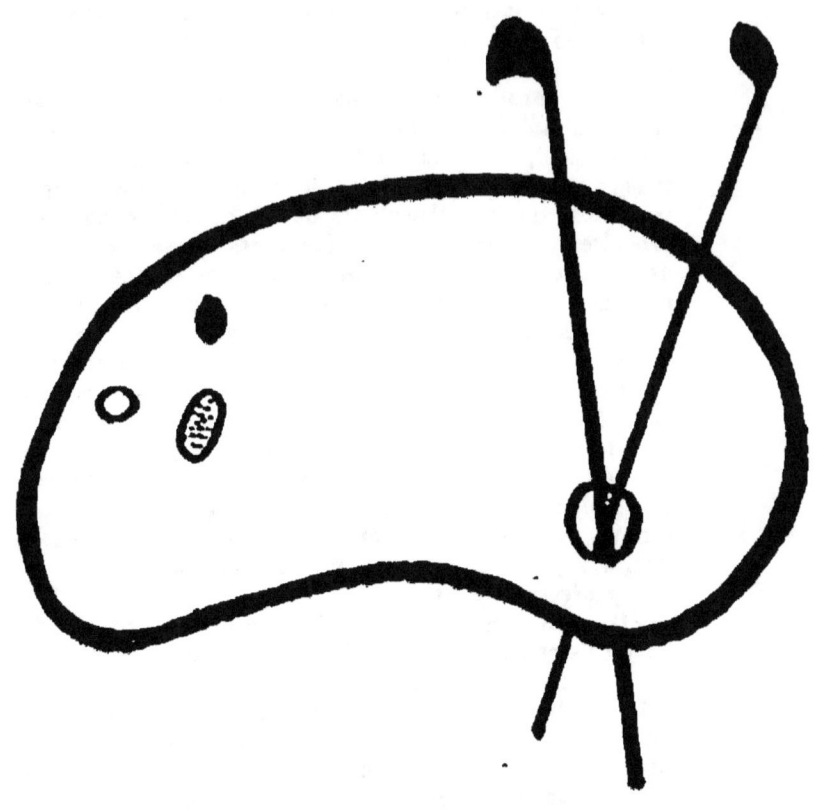

www.ingramcontent.com/pod-product-compliance
Lightning Source LLC
LaVergne TN
LVHW050650090426
835512LV00007B/1126